로컬의 탄생

지역의 역전을 만들어낼 고향사랑기부제

공저자 **이연경**

히로시마대학원 국제평화학 박사과정을 공부하고 있으며, 페어트래블재팬(FAIR TRAVEL JAPAN) 지사장으로 재직 중이다. 대전광역시 대덕구, 강원도 양구군, 광주광역시 동구 등 다양한 지자체의 공정관광 관련 연구를 수행했다. 현재는 일본 진세키고원초에서 지역기반관광(Community-based Tourism)을 활용한 지역 활성화 사업을 진행 중이며, 고향납세를 활용해 커뮤니티호텔 '시이노모리'를 운영하고 있다. SK사회적가치연구원(CSES)과 함께 사회성과 인센티브 사업(SPC)의 국제화(일본) 프로젝트를 진행 중이며, 국내 '고향사랑기부제' 안착을 위해 강의, 연수 등을 통해 일본의 성공 사례를 전하고 있다.

공저자 **이중근**

서울대학교 환경대학원에서 환경계획학 석사학위를 받았다. ㈜공감만세 기업부설연구소 연구원으로 재직하고 있다. 고향사랑기부제 및 지속가능관광을 통한 지역 활성화를 기대하고 있으며, 서울특별시 은평구, 경기도 광명시, 광주광역시 동구·남구·서구, 울산광역시 동구, 경상남도 거창군, 한국관광공사 등 다양한 지자체 및 기관과 협업하며 연구 용역을 수행했다. 토니 그로스의 저서 『나, 치코 멘데스 숲을 위해 싸우다』를 번역해 국내에 소개하기도 했다.

로컬의 탄생

지역의 역전을 만들어낼 고향사랑기부제

초판 1쇄 발행 2024년 7월 7일

지은이 김대호 이연경 이중근

발행인 서재필

펴낸곳 마인드빌딩

출판신고 2018년 1월 11일 제395-2018-000009호

전화 02-3153-1330

이메일 mindbuilders@naver.com

ISBN 979-11-92886-51-0(03330)

- 책값은 뒤표지에 표시되어 있습니다.
- 잘못된 책은 구입하신 곳에서 바꿔드립니다.

마인드빌딩에서는 여러분의 투고원고를 기다리고 있습니다. 출판하고 싶은 원고가 있는 분은 mindbuilders@naver.com으로 간단한 개요 연락처와 함께 보내 주시기 바랍니다.

지역의 역전을 만들어낼 고향사랑기부제
로컬의
탄생
김대호 이연경 이중근 지음
권선필 감수
"기본부터 응용까지
현장 전문가가 자세히 설명합니다!"
지역활성화를 꿈꾸는 이들을 위한 책
마인드
빌딩

추천사

일본은 연간 8조원 규모의 고향납세 시장이 형성되어 있다. 지역에 산적한 어려움을 풀고 사회적 문제를 해결하는 데 고향납세가 아주 중요한 역할을 하고 있는 것이다. 피스윈즈재팬도 진세키고원초와 함께 살처분 대상 유기견을 보호하는 '피스완코 프로젝트'를 진행했다. 이는 일본 고향납세 프로젝트 중에서 가장 성공적이라는 평가를 받고 있다. 현재까지 유기견 9,000마리를 보호했고, 그중 절반은 새 가족을 찾아주었다. 고향납세로 약 400억 원을 모금했기에 가능했던 일이다. 한국에서도 고향사랑기부제가 지역의 사회적 문제를 해결하고 지역 활성화를 이루는 데 큰 역할을 하리라 기대한다. 이 책이 지침서가 되어줄 것이라 믿는다.

오니시 겐스케, 피스윈즈재팬 대표

주민과 함께하는 삶은 자신은 물론 지역사회, 나아가 국가 전체를 풍요롭게 한다. 고향사랑기부제로 모인 기부금은 지역민 복지증진, 사회 취약계층 지원 등의 기금으로 사용된다. 광주 동구는 민간플랫폼과 협업해 고향사랑 기금사업의 일환으로 '광주극장 100년' 및 'E.T 야구단 지원' 지정기부 프로젝트를 추진하는 등 남다른 행보에 나섰다. 그 결과 광주극장은 목표치를 162% 초과 달성하고, E.T 야구단은 300%가 넘는 모금 성과를 거뒀다. 단일 지정기부로는 '전국 1위'를 기록하는 결실을 맺었다. 이 책에 광주 동구의 지정기부 프로젝트가 자세히 소개되어 있다. '경쟁'이 아닌 '상생'을 위한 고향사랑기부제로 지역 활성화를 꿈꾸는 모든 이들에게 이 책을 권한다.

임택, 광주광역시 동구청장

한국은 대도시와 지방 간 격차가 매우 크다. 지방은 인구감소, 고령화, 저출생, 농어촌 쇠퇴, 재정 악화 등으로 지방소멸을 걱정하는 처지에 이르렀다. 영암군에서는 고향사랑기부제를 통해 돌파구를 찾고자 지정기부제 사업인 '영암 맘 안심프로젝트'를 추진해 큰 성공을 거뒀다. 이 책 제목 『지역의 역전을 만들어낼 고향사랑기부제』가 말해주듯이, 고향사랑기부제가 지방소멸을 막고 지역발전의 새로운 동력이 될 수 있다고 생각한다. 이 책이 고향사랑기부제의 이해와 활용에 많은 도움이 되길 바란다.

우승희, 전라남도 영암군수

일본 고향납세 제도는 지방창생 SDGS 활동의 일환으로 기업들도 활발히 참여하고 있다. 국가가 당면한 문제에 기업과 지역이 함께 손잡고 상생 모델을 만들어가는 모습은 깊은 감동마저 안겨준다. 한국의 고향사랑기부제 역시 기업이 장기적으로 참여할 수 있는 활로가 열리길 소망한다. 이 책에는 기업과 지역이 어떻게 협력 모델을 만들어낼 수 있는지에 대한 중요한 통찰이 담겨 있다. 지역과 기업을 연결하는 새로운 사회공헌을 꿈꾸는 기업인에게 일독을 권한다.

최내현, ㈜켐코 회장

지역이 갈수록 낙후되는 이유는 인구소멸 문제를 넘어 재정자립도가 갈수록 취약해지고 있기 때문이다. 경제인구가 줄어드는 이유와 직결되어 있다. 세수가 부족하면 지역의 필요한 자원과 인프라를 구축하는 데 심각한 타격을 준다. 이를 해결할 대안으로 고향사랑기부제가 시작되었다. 이 제도를 잘 활용한다면 부족한 세수를 충당하고 지역에 새로운 활력을 불어넣을 수 있다. 고향사랑기부제 활용 전략에 이 책이 좋은 길잡이가 되어줄 것이다.

박재영, 전 광주전남연구원 원장 / 전 행정자치부 균형발전지원본부장

인구소멸이라는 끔찍한 표현이 무감각하게 사용되는 현장이 '지방'이다. 지역을 바라보는 눈을 새롭게 하고, 지역을 살리는 새로운 방법이 되는 '고향사랑기부제' 실험을 통해 지역을 살리는 사례를 더 많이 만나게 되길 기대하며, 이 책이 그 소중한 마중물 역할을 할 것이라 믿는다.

권선필, 목원대학교 교수 / 한국지방자치학회 고향사랑기부제 특별위원장

항상 다크서클이 드리워진 김대호 작가 얼굴이 생각나서 괜히 웃음이 난다. 이 책을 읽으면서 실제 인구소멸지역인 '양구'를 방문해 함께 고향사랑기부제를 고민하고 준비하고 운영했던 경험들이 소환되었다. 로컬의 위기 돌파구로 고향사랑기부제를 고민하는 분에게 감히, 꼭 이 책을 추천해 드리고 싶다.

조인선, 양구군청 건설과 팀장 /
행정안전부-울산광역시 고향사랑기부제 국제 포럼 기조발제자

고향사랑기부제는 소멸 위기에 내몰린 지자체들이 스스로의 힘으로 문제를 해결할 수 있는 기회를 얻었다는 점에서 매우 의미 있는 제도이다. 오직 국민들의 호응만으로 기금을 마련하고, 이를 활용해 원하는 사업을 할 수 있기 때문이다. 또한 이 제도는 비록 일부이기는 하지만 납세자인 국민이 스스로 그 사용처를 결정할 수 있다는 점에서도 눈길을 끈다. 재정 주권 납세자인 국민에게로 돌려주는 첫 사례가 될 수 있기 때문이다. 이처럼 지방에 새로운 희망이 될 고향사랑기부제를 이해하고 활용하는 데 이 책이 꼭 필요한 지침서가 되길 기대한다.

김신일, 내일신문 자치행정팀 기자

저자의 말

2022년에 드디어 고향사랑기부제가 국내에 도입된다는 이야기를 들었습니다. 고향사랑기부제(일본 명칭은 고향납세)는 이미 일본에서 성공적으로 정착한 제도로 낙후지역을 살리는 데 중심적 역할을 하고 있습니다. 한국 역시 인구감소와 지역소멸이라는 위기에 놓여 있기에, 대처방안으로 이 제도를 시행하는 것입니다.

오랫동안 공공 전략 컨설턴트로 일해오면서 이 제도에서 지역 활성화의 희망을 보았습니다. 마침 한 사회적기업의 제안으로 고향사랑기부제 컨설턴트로서 함께 일할 기회를 얻었습니다. 2022년 전국을 다니며 담당 공무원과 지자체장들을 만나 지역 현안을 듣고, 고향사랑기부제 적용방안을 연구했습니다. 백여 곳이 넘는 지자체에 연락하여 50군데 정도를 직접 만났습니다.

인구 2만의 한 소지역을 방문했을때 상반기 출생신고가 충격적이게도 단 한 명이라는 이야기를 들었습니다.

지역이 인구절벽을 겪는 이유는 단순히 절대인구 감소로는 설명할 수 없습니다. 지역을 떠나는 인구가 늘고, 갈수록 수도권 집중화 현상이 심해지고 있기 때문입니다. 결국 지역균형발전이 제대로 작동하지 않기 때문이라는 결론에 도달했습니다. 균형발전을 위해서는 수도권에 집중된 자원을 지역에 골고루 분산하는 방안이 필요합니다. 그렇다고 고사위기에 처한 지역이 마냥 기다릴 수만은 없는 노릇입니다. 결국 지역이 '자생'할 수 있는 새로운 방법론이 필요해 보였습니다. 위기 상황에 직접 대처할 수 있는 자율적 대응방안이 절실합니다.

필자는 고향사랑기부제가 그 대안임을 확신했습니다. 특히 여러 지역에서 다양한 현안을 들으며 고향사랑기부제로 해결할 수 있는 아이디어가 떠올랐습니다. 그렇게 우리 연구원들과 10군데 지자체에서 의뢰한 고향사랑기부제 전략 연구를 수행했습니다. 컨설팅한 지자체 중 일부가 2023년 성공적인 모금을 달성해 지역문제를 해결하는 모습을 보며 한 분야의 전문가로 깊은 자부심과 긍지를 느꼈던 한 해였습니다. 그렇게 경험한 노하우를 더 많은 이들과 공유하기 위해 이 책을 내놓게 되었습니다.

이 책이 세상에 나오기까지 많은 도움을 준 분들이 있습니다. 우선적으로 기초자료를 정리하고 일본의 다양한 사례를 수집해 한 권의 책으로 엮을 수 있게 집필에 참여해준 페어트래블재팬 이연경 지사장과 ㈜공감만세 이중근 연구원께 감사드립니다. 감수를 맡아준 목원대학교 권선필 교수님께 감사드립니다. 처음 고향사랑기부제를 연구할 때 좋은 멘토가 되어준 ㈜공감만세 고두환 대표님께도 감사드립니다. 또한, 기꺼이 추천사를 보내준 오니시 겐스케 피스윈즈재팬 대표님, 임택 광주광역시 동구청장님, 우승희 전라남도 영암군수님, 최내현 ㈜켐코 회장님, 박재영 전 전 광주전남연구원 원장님, 조인선 양구군청 팀장님, 김신일 내일신문 기자님께도 다시 한 번 감사드립니다. 마지막으로 부족한 책을 잘 다듬어 세상에 내놓을 수 있게 해준 서재필 마인드빌딩 대표님과 직원분들께 감사드립니다.

부디 이 책이 고향사랑기부제를 활용해 튼튼한 재정을 이루고 지역문제를 창의적으로 해결해 나갈, 어쩌면 새롭게 탄생할 지역들에게 좋은 친구가 될 수만 있다면 더 이상 바랄 것이 없습니다. 감사합니다.

2024년 6월

지역의 새로운 탄생을 바라며

김대호

차 례

일본 사례

2장 전략편

시작하며:
지역의 새로운 희망, 고향사랑기부제

2023년 1월 1일 고향사랑기부제(고향세)가 드디어 시작되었다. 2021년 10월 19일 「고향사랑 기부금에 관한 법률」이 제정되어 2023년부터 본격적으로 시행된 것이다. 고향사랑기부제는 일본의 '고향납세' 제도를 모델로 삼았다. 일본의 고향납세 제도와 국내 고향사랑기부제는 명칭은 다르지만 지역에 기부할 수 있는 제도로 본질적 차이는 없다. (고향납세와 고향사랑기부제 모두 줄여서 '고향세'라고 한다.) 다만 일본은 국민들이 선택하는 지역에 세금을 납부한다는 의미가 강하고, 한국은 지역에 기부한다는 보다 자선적인 의미가 강하다. 현재 한국 사회는 심각한 인구감소와 이로 인한 지방소멸이라는 위기 앞에 놓여 있다. 이를 극복하고자 시작한 것이 고향사랑기부제이다.

일본은 고향납세로 연간 8천억엔(약 8조원) 이상의 추가 재원을 확보해 지역 활성화에 사용한다. 이러한 일본의 사례를 우리 실정에 맞게 적용하여 성공적으로 이식해야 한다. 물론 고향사랑기부제 외에도 지역 활성화를 위한 여러 대안이 있을 수 있다. 누군가는 더욱 근본적인 대책이 있어야 한다고 말한다. 필자 또한 이에 동의한다. 하지만 근원적인 대책을 고민하여 정책화하고 필요한 법안과 지자체 조례를 마련하기까지는 많은 시간이 걸린다. 이미 지방소멸 위기에 다다른 한국은 충분한 시간적 여유가 없다.

중장기적 대책을 마련하여 시행해야 하지만, 당장 급한 불을 끌 수 있는 대책도 필요하다. 지금처럼 위급한 상황에는 획기적인 비상대책을 세워야 한다. 필자는 그것이 바로 고향사랑기부제라고 생각한다. 한국보다 먼저 이 문제를 겪어온 일본에서 이미 검증된 제도이다. 법안을 좀 더 보완해야 하는 숙제가 가 남아 있지만, 인구소멸 위기에 놓인 지역에 고향사랑기부제가 단비 같은 역할을 할 것으로 기대한다. 우선 지역의 인구소멸 가속화를 어느 정도 늦출 수 있다. 다시 말해서, 고향사랑기부제는 지역의 위급한 문제를 해결하기 위한 시간을 벌어줄 것이다. 최적의 대안은 아닐지라도 가장 현실성 있는 대안이라고 할 수 있다. 그래서 고향사랑기부제의 성공적인 정착은 매우 중요하다.

먼저 고향사랑기부제의 진정한 목표와 활용방안을 이해해야 한다. 정확한 이해를 바탕으로 할 때 최적의 지역 전략과 활성화 목표를 정립할 수 있기 때문이다. 지역소멸은 단순히 인구가 줄어서 생기는 문제가 아니라 세수 감소로 인해 재정자립도가 취약해져서 나타나는 현상이다. 재정자립도가 취약하면 지역의 자생기반이 흔들려 중앙정부에 더욱 의존하게 되고, 결국 지역은 슬럼화될 가능성이 높다. 지역 재정 역시 파탄에 이르러 강제적 행정 통폐합 외에는 대안이 없는 상황이 나타나게 될 것이다.

이는 지역 입장에서 무척 억울한 일이다. 지역의 인구감소 가속화는 절대인구가 빠르게 줄어드는 탓도 크지만, 무엇보다 한국 사회 특유의 수도권 집중화 현상과 직결되어 있다. 지역은 지역에서 태어나는 아이들을 위해 교육 인프라와 양육 자원을 투입한다. 그러나 막상 이 아이들이 성인이 되면 대부분 수도권으로 빠져나간다. 경제활동을 수도권에서 하기에, 정작 자신이 나고 자란 지역의 생산인구로 편입되지 못하는 일이 발생한다. '지방세' 역시 자신의 고향이 아닌 현재 경제활동을 하는 거주지 지자체에 납부한다. 이처럼 지역에서는 투입한 자원을 회수하지 못하는 악순환이 반복된다.

[일본 고향납세 도입 배경]

• 2006년 니시카와 가즈미 후쿠이현 지사가 최초로 발안
→ 급속한 저출생·고령화, 인구감소로 소멸 위기에 놓인 지방 활성화를 위한 시도

• 제안 배경
→ 많은 국민이 지방에서 태어나 중·고등학교까지 다니면서 많은 혜택을 받음
→ 정작 대학 진학과 취업은 타지역의 큰 도시에서 하다 보니
고향 지방정부는 세출만 누적되고 세입은 없음
→ 도시에 사는 출향민이 고향에 기부하면, 금액에 따라 일정 비율을 내야 할
세금에서 공제받음으로써 본인 부담도 덜고 고향에도 경제적 도움을 주며,
도시와 지방의 재정 격차도 해소할 수 있음
→ 기부를 통해 지방세가 거주지 자치단체에서 고향 자치단체로 이전되는 효과
→ 기부받은 자치단체는 기부자에게 지역특산품 등을 답례품으로 제공하고
홍보효과를 얻을 수 있음

고향사랑기부제는 바로 이런 악순환을 끊어낸다는 점에서 의의가 있다. 누구나 거주지를 제외한 전국 어디든 원하는 지역에 기부(납세)를 할 수 있는 활로가 열렸기 때문이다. 고향사랑기부제가 활성화되면 고질적인 수도권 집중화 문제를 해결할 수 있는 대안이 될 것이다. 그런 점에서 이 제도는 지역과 사회를 혁신할 새로운 어젠다를 지니고 있다. 그 내용을 정리하면 다음과 같다.

첫 번째, 조세정의 실현이다. 아직 우리 국민은 세금의 사용처를 적극적으로 선택할 권리가 없다. 고향사랑기부제는 내가 원하는 지역, 내가 원하는 정책에 세금을 낼 수 있는 제도이다. 고향사랑기부제라는 다소 감성적인 어법의 이름을 붙였지만, 사실상 이 제도는 '지역납세'로 볼 수 있다. 내가 사는 지역을 제외한 특정 지역, 원하는 사업에 세금을 내는 셈이기 때문이다. 다만 형식이 자유로운 기부 형태일 뿐이다. 그래서 이 제도를 처음 시작한 일본은 '고향납세(후로사토노제)'라고 이야기한다. 조세정의를 국민을 위한 세금 집행으로 본다면, 넓은 의미에서 소극적 조세정의 정책으로 봐도 무방하다. 그것도 내가 원하는 방향성을 가진 사업, 내가 바라는 지역의 미래에 납부할 수 있는 것이다.

두 번째, 탈집중화와 지역균형발전이다. 앞서 언급한 대로 지역이 소멸하는 현상은 단순히 인구감소에만 원인이 있는 것은 아니다. 모든 인적 지원과 세수가 수도권과 중앙에만 쏠리기 때문이다. 이 부분을 살피지 않고 지역소멸의 원인을 단순히 출산율 저하로 보는 것은 단편적인 분석이다. 지역은 그곳에 사는 아동과 청소년을 육성하기 위해 많은 세금을 쓴다. 그러나 정작 성인이 되면 그들은 대부분 수도권으로 이주하고, 생산인구로서 자신이 현재 거주하는 수도권 지자체에 '지방세'를 납부한다. 지역 입장에서는 인풋은 있는데 아웃풋이 없는 상황이 지속되다 보니 재정자립도가 취약해질 수밖에 없다. 고향사랑기부제는 바로 이런 흐름에 균열을 일으킨다. 현재 거주지 이외 지역에 기부를 하면 10만원까지는 전액 세액공제를 받고, 초과분에 대해서는 16.5%의 공제를 받는다. 또한 그 지역의 특산물을 답례품으로 받을 수 있으니 기부자에게는 오히려 이득이 되는 구조이다. 즉, 중앙정부에 낼 세금 일부를 지역으로 돌리는 효과를 얻을 수 있다. 고향사랑기부제를 단순한 기부로 볼 수 없는 이유가 여기에 있다.

세 번째, 지역소외 현상 해결이다. 고향사랑기부제로 인해 지금껏 중앙에만 집중되던 국민의 시선을 주변으로 돌릴 수 있는 새로운 계기가 마련된다. 이는 마치 아무도 주목하지 않던 지

[인구감소지역 현황(89곳)]

출처: 행정안전부 지방자치균형발전실-인구감소지역지정결과 지도

(https://www.mois.go.kr/frt/sub/a06/b06/populationDecline/screen.do)

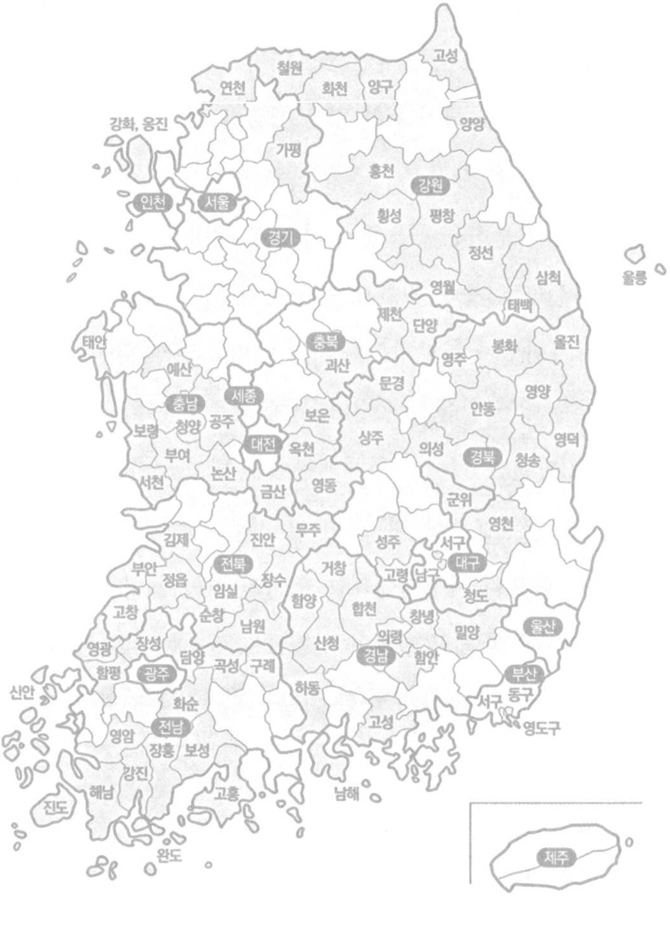

역의 무명가수가 중앙무대에 출전하는 것과 같다. 행정안전부에 따르면 국내에 지역소멸이 예상되는 시군은 경기 2곳, 인천 2곳, 부산 3곳, 대구 3곳, 강원 12곳, 충북 6곳, 충남 9곳, 전북 10곳, 전남 16곳, 경북 15곳, 경남 11곳 등 모두 합쳐 89곳이다. 수도권에서 먼 곳일수록 지역소멸이 심화되고 있음을 알 수 있는데, 아마도 대부분의 사람들은 잘 알지 못하는 지역일 것이다. 고향사랑기부제는 이런 소지역을 전 국민에게 알릴 수 있는 좋은 방법이다. 이 제도가 본격적으로 활성화되면 많은 지역이 다양한 기부 프로그램을 통해 국민들에게 홍보되고, 결과적으로 수도권에 집중된 사람들의 관심을 지역으로 분산하는 효과를 거둘 것이다. 또한 지역과 수도권을 연결하는 소통창구의 역할도 기대할 수 있다. 고향사랑기부제가 소외지역에 대한 관심과 여론을 환기하여 국토의 균형발전을 이루는 네트워크 플랫폼이 될 것이다. 한번도 주목받지 못했던 지역에 사람들의 시선이 머문다면, 이것이 고향사랑기부제가 가진 진정한 가치가 아닐까 한다.

네 번째, 결론적으로 지역자치가 강화된다. 고향사랑기부제를 통해 지자체는 지역민뿐만 아니라 전 국민을 상대로 자기 지역과 정책을 홍보하며 기부금을 받을 수 있다. 이는 지역경쟁력을 강화할 수 있는 좋은 기회이다. 지역의 재정이 튼튼해지면 자연스럽게 지역자치가 강화된다. 1991년 지방자치분권이 본격적으로 시작되었지만, 지난 30년간 지역이 완전한 자립을 이루었다고 보기는 어렵다. 행정에서 분권은 이루어졌지만 재정분권을 온전히 달성하지 못했기 때문이다. 자치분권의 핵심은 건강한 재정분권에 있다. 재정자립도가 낮은 지역은 중앙정부에 의존할 수밖에 없다. 국내의 많은 지역이 수도권에 한참 못 미치는 세수와 낙후된 인프라, 지속적인 인구감소를 겪고 있다. 수도권이나 대도시보다 살기 좋은 지역이 되는 건 정말 꿈에 불과할까? 고향사랑기부제를 잘 활용하면 그간 뒤처져 있던 지역에 활력을 불어넣을 수 있다. 지역자치와 풀뿌리 민주주의가 더욱 강화되며, 중앙에만 쏠린 자본이 아래로 흐르기 시작할 것이다. 건국 이래 자원이 집중되어온 수도권을 드디어 지역이 앞서나가는 꿈을 꿀 수 있다. 한마디로 지역의 역전을 꿈꾸어보는 것이다. 이 얼마나 가슴 설레는 일인가?

이 책은 크게 2개의 장으로 나뉜다. 1장 이해편은 제도 이해를 위한 내용으로 현행법과 고향사랑기부제 추진에 참고할 사안을 설명하였다. 이어서 한국보다 먼저 이 제도를 시행한 일본의 사례를 살펴보고, 어떤 방향으로 어떤 성과를 거두었는지를 알

아본다. 2장 전략편에는 지난 1년 4개월간 필자와 연구원들이 여러 지자체의 전략연구를 진행하며 도출한 인사이트를 정리했다. 고향사랑기부제의 기본내용 및 일본 사례를 알고 있다면 전략편을 바로 읽어도 괜찮다. 이 책이 고향사랑기부제를 추진하는 실무부서 공무원, 지역자치 활동가, 지역의 사회적기업가, 지역 소상공인, 지역민, 그 밖에 관심 있는 모든 독자분들이 고향사랑기부제를 이해하고 활용하는 데 작은 도움이 되기를 바란다.

1장

이해편

고향사랑기부제 제도의 취지

고향사랑기부제(고향세)를 한 문장으로 정리하면 '개인이 자신의 주소지가 아닌 다른 지자체에 기부할 경우 해당 지자체는 기부금을 사용해 주민의 복리 증진을 도모하는 제도'라고 할 수 있다. 이처럼 간단하게 한 문장으로 설명은 가능하지만, 이것만으로는 고향세가 지닌 제도의 취지를 온전히 전달할 수도 없고 공감대를 형성하기도 어렵다. 고향세를 더욱 깊이 이해하기 위해서는 오늘날 한국이 마주한 시대적인 상황이나 도입배경에 대한 이해가 뒤따르면 좋지 않을까 한다.

2023년 2월 통계청이 발표한 '2022년 출생·사망통계 잠정

[OECD 회원국의 합계출산율 비교(2010, 2020년)]

출처: 통계청

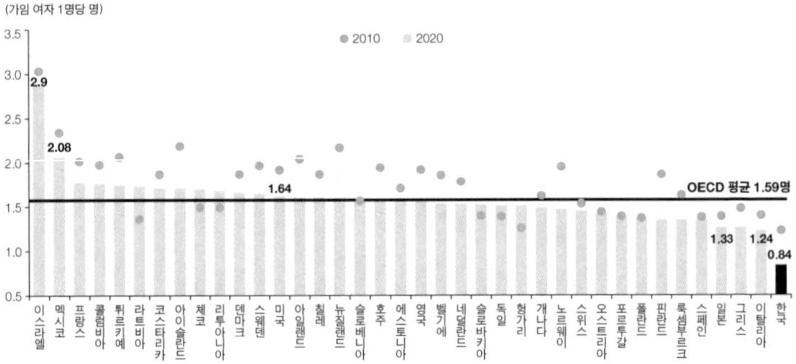

결과'와 '2022년 12월 인구동향'에 따르면 지난해 합계출산율은 0.78명으로 1970년 통계 작성 이래 가장 낮은 수를 기록했다. 합계출산율은 여성 1명이 평생 낳을 것으로 예상되는 평균 출생아 수를 의미하는데, 이 수가 1명도 되지 않는 것이다. 한국은 1984년부터 합계출산율 2.1 이하인 저출산국가라는 타이틀을 얻었고, OECD 국가 가운데서는 지난 2013년부터 10년 연속 합계출산율 최하위를 기록하고 있다.[1]

이런 상황에서 올해 3월에도 출생아 수가 사망자 수를 밑돌면서 인구 자연 감소세가 41개월째 이어지고 있다.[2] 저출산은 곧 인구감소로 직결되기 때문에 이런 위기감을 현장에서 생생하게 느낄 수 있는 곳은 수도권 이외의 군 단위 도시일 것이다. 이를 증명이라도 하듯이 행정안전부는 인구감소지수[3]를 개발하고, 2021년에 전국 243개 기초자치단체 중 89곳을 소멸 위기에 놓인 '인구감소지역'으로 지정·고시했다. 실제로 그중 69곳이 군 단위 농촌지역이다.

이는 지정지역 지원을 위한 법적 근거를 마련하고, 인구감소 문제에 대응하는 정부 차원의 노력이 시작되었다는 점에서 의미가 있다고 평가할 수 있다. 또한, 천편일률적으로 이뤄지는 하향식 지원이 아닌, 지자체가 지역 특성에 맞는 인구활력계획을 수립하면 그에 따른 재정 지원과 특례 부여 등을 통해 제도적으로 뒷받침하는 '상향식 지원체계'를 구축한다는 것도 유의미하다.[4] 다시 말해, 기초자치단체 스스로가 기획력과 실행력을 토대로 지역문제(혹은 위기)를 극복할 수 있도록 발판을 놓아주는 셈이라 할 수 있다.

한국이 오늘날 저출생·인구감소 문제로 신음하게 된 것은

1 관련 기사: 고우리, "10년째 OECD 꼴찌...지난해 합계출산율 0.78명", 광주방송, 2023년 2월 22일, http://www.ikbc.co.kr/article/view/kbc202302220045

2 관련 기사: 정윤형, "1분기 합계출산율 '역대 최저'…41개월째 인구 감소", Sbs 비즈, 2023년 5월 24일, https://biz.sbs.co.kr/article/20000119634

3 인구감소지수 지표로 연평균 인구 증감률, 인구밀도, 청년 순이동률, 주간인구, 고령화 비율, 유소년 비율, 조출생률, 재정자립도 등이 있다.

4 관련 기사: 양석훈, "지자체 89곳 '인구감소' 소멸위기…고향세가 해법되나", 농민신문, 2021년 10월 20일, https://www.nongmin.com/345949

여러 가지 요인(개인주의, 가치관의 다원화, 경제적 상황 등)이 복합적으로 작용한 결과이다. 이런 흐름은 10년 후 한국의 모습이라는 이웃 나라 일본에서 먼저 시작되었고 현재도 진행 중이다. 일본 일각에서는 경각심을 더욱 불러일으키기 위해 인구감소 대신 '지역소멸'이라는 단어를 사용하기도 한다.

일본에서는 지역소멸을 초래하는 주요 요인으로 인구수뿐만 아니라 재정자립도 또한 중요하게 본다. 이러한 맥락에서 지역의 세수를 확보하고 지역격차를 해소하기 위해 추진한 것이 바로 고향납세 제도이다. 개인이 원하는 지역에 기부하면 세액공제 혜택 및 지역특산품 등을 답례품으로 제공받는데, 한국 고향사랑기부제 설계시 이를 모델로 삼은 바 있다.

다시 한국 고향사랑기부제로 돌아오면, 비수도권의 인구유출, 저출생·고령화, 지방재정자립도 악화와 같은 상황을 타개하고 건강한 지방자치분권을 실현하는 하나의 대안으로 추진하는 정책으로 2021년 9월에 '고향사랑 기부금에 관한 법률'(이하 고향사랑기부금법) 제정안이 통과되었고, 2023년 1월부터 시행되었다. 출향민(모든 국민 가능)이 자신의 주소지 관할 지자체 이외의 고향, 혹은 고향이라고 생각하는 지역에 기부하면 기부금액에 따라 국세인 소득세에서 공제혜택을 부여하고, 답례품을 제공받을 수 있는 내용을 골자로 한다.

이와 같은 과정을 통해 중앙정부 측에서 제공하는 세액공제는 국세 중 소득세 일부가 지방세로 이양돼 지방재정 확충에 기여하고, 자치단체 측에서 제공하는 답례품은 지역특산물 생산 및 수요 증가로 이어져 지역 일자리 창출과 더불어 지역경제 활성화를 도모할 수 있을 것으로 기대한다. 또한, 장기적으로 지방자치단체의 재정 확충은 물론 지역경제 활성화로 삶의 질이 향상되고, 인구가 유입되면서 지역은 활기를 띠게 된다. 건강한 지방자치 기반이 마련되고 기부문화가 확산되는 등 여러 긍정적인 효과를 볼 수 있다. 그래서 고향세는 지역격차를 완화할 수 있는 새로운 정책방안으로 인식되는 추세이다.

각 지자체가 고향세를 지역 상황에 맞게 체화하고 활성화하기 위해서는 제도의 근간이 되는 법령에 대한 이해가 중요하다. 고향사랑기부금법은 기부금의 모금 주체, 기부금, 모금활동 관련 규제, 답례품 규제에 관한 내용으로 이루어져 있다. 한국 '고향사랑기부제'는 일본의 '고향납세'와 다르게 기부자 거주지에 따른 기부 제한, 법인 기부 불가, 모금활동 규제 등 비교적 제약이 많은 형태로 법제화되었다.

[고향사랑 기부금에 관한 법률안 요약]

법조항	구분	핵심내용	제한사항	일본 비교	시행령/법안 개선방향
제2조1 제4조 제5조	대상	• 모금 주체 -지자체 • 기부 주체 -개인	• 본인 거주지 기부 불가 • 법인 기부 불가	제약 없음	기부 유도를 위해 제한 완화 필요
제2조 제6조 제7조	모금활동	• 광고 주체 -지자체 • 플랫폼 -중앙정부	• 개별 접촉 금지 • 사적 방법 금지	제약 없음	지자체 및 민간 차원의 자유로운 모금 허용 필요
제8조	접수방법 및 상한액	• 종합정보 시스템을 통한 원스톱 처리	• 상한액 -500만원	제약 없음	기부금액 제한 완화 및 하한액 신설
제9조	답례품	• 지역경제 활성화에 기여할 수 있는 물품	• 현금, 귀금속류, 일반적 유가증권 불가 • 한도 -기부금의 30%	제약 없음	답례품 개발 및 선정 기준 완화

고향사랑기부제의 주체 및 대상

기본적으로 고향사랑기부제(고향세)의 모금 주체는 지자체이고 이용자는 대한민국의 모든 개인이지만, 몇 가지 제한사항이 있다. 기부자는 자신의 현주소지 관할 지자체에는 기부할 수 없다. 대신 그 밖의 수도권, 농어촌을 막론한 모든 자치단체에 기부할 수 있다. 단, '개인'을 제외한 법인, 단체 등의 기부는 허용하지 않는다.

이는 기부 모집 및 홍보의 제한사항이 거의 없는 일본과는 대조적이다. 일본은 '기업형 고향납세'를 도입해 법인이 지자체에 기부할 수 있으며, 기부자 개인도 본인 거주지에 기부할 수 있는 등, 한국에 비해 규제가 완화되어 있다. 일본은 기부를 독려하기 위해 제약을 최소화하고 개인의 자유에 일임하는 형태로 제도가 정착되었다. 일본에서는 타 지자체에 세금을 납부하면 답례품을 받는 추가 혜택이 있는 셈이기에, 실거주지에서 거두어들일 세금이 다른 지역으로 유출되는 상황이 발생하여 논란이 일기도 했다. 이와 같은 이유로 한국의 시행령은 기부를 제한하는 규제가 더 많아서 기부 유치를 위해서는 기부자의 애향심에 의존해야 하는 상황이 발생한다.

행정안전부 고향사랑기부제 관련 보도자료에 따르면, 고향사랑기부금법은 '기부금을 통해 지방의 새로운 재원을 확보함으로써 재정이 취약한 자치단체에 도움을 주려는 취지'로 제정된 법률이다. 하지만 현재 법제는 모든 광역·기초 지자체가 기부금을 유치할 수 있기에 지방의 재정자립 여부와는 상관없이 기부자의 애향심 혹은 매력적인 답례품을 기준으로 기부금이 유치될 가능성이 높다. 2030세대에게 애향심, 고향에 대한 개념이 희미해지고 있는 실정을 고려하면, 답례품 선호도가 기부를 유도하는 결정적인 매개체가 될 것으로 예상된다. 따라서 일각에서는 지역별 격차 해소라는 제도의 취지 달성을 위해서 기부 대상 지자체를 재설정하거나, 재정자립도가 낮은 지역 혹은 비수도권만 기부금을 유치할 수 있게 규제하자는 의견도 나오고 있다. 향후 한국도 기대효과 달성을 위해 지역주민이 자신의 거주지에 기부할 수 있게 하는 등의 방안에 대한 검토와 법령 개정이 필요하다고 본다.

모금활동의 규제

법령에 따르면 고향사랑기부금 모금은 지방자치단체가 광고, 정보통신망의 이용, 그 밖의 방법으로 해당 지방자치단체에 기부금을 제공하여 줄 것을 다른 사람에게 의뢰·권유 또는 요구하는 행위를 말한다. 그리고 법령에서는 기부의 강요 등을 막기 위해 3개 조항에 걸쳐 기부의 제한을 두고 있다.

현재 법제는 안정적인 제도 안착과 건전한 기부문화 조성을 위해 기부의 강요 금지와 모금 방법을 엄격하게 제한하고 있다. 기부금 모집을 위해 지자체의 자율적 홍보는 허용하지만, 지자체 광고로만 모금과 홍보가 가능하며 개별 접촉을 통한 모금은 금지되고 있다. 즉, 사적 방법(호별 방문, 향우회나 동창회 활용 등)을 동원한 모금이 불가능하다.

고향사랑기부금법 제17조(벌칙)에 따르면, 고향사랑기부금의 기부 또는 모금을 강요한 자는 3년 이하의 징역 또는 3천만원 이하의 벌금에 처하고, 지자체의 경우 기부금 모금·접수를 1년간 제한받을 수도 있다. 이런 흐름은 기부금 유치 경쟁이 과열되어 지자체가 출향민에게 기부를 강요하거나 과다한 금품(고가 답례품)을 미끼로 일종의 호객행위 또는 준조세 압력을 행사하는 등

각종 폐단이 발생할 경우를 우려하기 때문으로 보인다.[5]

또한, 한국은 중앙 차원에서 모금과 홍보 기능을 하는 플랫폼인 '고향사랑e음'을 직접 구축하여 운영하고 있다. 민간플랫폼에 위탁할 경우 사업자 선정을 비롯한 특혜 시비를 사전에 차단하기 위해서라고 판단된다. 하지만 고향사랑기부금법은 예산이 중앙정부에서 지자체로 내려오는 기존의 수직적 예산 확보 방식에서, 지자체가 일반 주민의 자금을 유치하는 수평적 예산 확보 방식으로 변화하려는 기조에 반한다고 볼 수 있다. 반면, 일본은 민간플랫폼 및 언론매체 광고 게재 등 자유로운 모금 홍보와 유치를 허용해 고향납세 제도 활성화에 이바지했다는 의견이 지배적이다.

원활한 고향사랑기부제(고향세) 운영에는 기부 활성화가 전제 조건이기에 지자체가 기부자에게 자유롭게 지역을 홍보할 수 있도록 관련 규제를 완화하는 방안이 검토되어야 할 것이다.

5 한국지방행정연구원, 일본 고향납세제도 현황과 우리나라 적용 방안, 2019, p.78. (자체연구 2019-1)

접수방법 및 상한액

법령에 따르면 개인별 기부금액 연간 상한액은 5백만원이며, 기부금은 지방자치단체의 장이 지정한 금융기관에 납부하거나 제12조에 따른 정보시스템을 통한 전자결제, 신용카드 또는 전자자금 이체, 지방자치단체의 청사, 그 밖의 공개된 장소에서만 접수할 수 있다. 고향사랑기부제(고향세)는 기부금액에 따라 일정 비율로 세액공제가 되는 시스템이기 때문에, 행정안전부는 기부자의 편의를 돕기 위해 기부 모금부터 세액공제까지 원스톱 처리가 가능하도록 '고향사랑e음'을 운영하고 있다.

이는 일본의 고향납세 운영 체계와는 매우 대조적이다. 일본의 고향납세는 자기부담금 2,000엔(약 2만원)을 제외한 거의 전액이 세액공제되기 때문이다. 따라서 국내에서는 기부금액 제한은 완화하고 하한액을 신설하여 소액 답례품 지급에 쓰이는 지자체의 행정비용을 절감하는 방안이 제시되고 있다.

또 한 가지 큰 차이점은 기부플랫폼의 운영 주체 및 플랫폼의 수이다. 앞에서도 언급했듯이, 국내는 '행정안전부'가 시행 주체로서 '고향사랑e음'이라는 단일 시스템을 운영한다. 반면 일본에서는 기부자의 공감과 참여를 높이기 위해 플랫폼을 민간에 개방하였고, 지자체 대부분이 민간플랫폼을 활용해 모금한다. 일본 역시 초기에는 지자체가 직접 플랫폼을 운영했지만, 지역 특성을 살린 상품개발이나 사업 추진, 정보공유 과정에서 한계를 체감하고 민간플랫폼으로 선회하게 되었다. 오늘날에는 약 10개 정도의 주요 플랫폼을 비롯해 세부 프로그램에 따라 여러 개의 소규모 플랫폼들이 있어서 기부자에게 다양한 혜택과 편리한 서비스를 제공한다.

답례품 제공

법령에 따르면 답례품은 해당 지방자치단체 관할구역 안에서 생산·제조한 물품, 해당 지방자치단체 관할구역 안에서만 통용 가능한 상품권 등 유가증권, 그 밖에 해당 지역의 경제 활성화 등에 기여할 수 있는 것으로서 조례로 정하는 물품이라고 정의하고 있다. 현금, 귀금속류, 일반적 유가증권 등 지역 활성화에 기여하지 못하는 것은 제외된다. 관할구역 내 생산물품 위주로 답례품을 한정하는 이유는 지역특산품의 새로운 시장과 판로를 창출해 지역경제 활성화를 도모하는 데 있다.

답례품을 지역에서 생산·제조한 상품으로 한정했지만, 산업단지를 보유한 지자체는 답례품 품질이 상대적으로 우수할 가능성이 높기에 특정 지자체에 기부자가 집중될 우려가 있다. 다시 말해 지역에서 답례품을 생산·제조하므로 지역경제 활성화라는 정책 목표를 달성할 수 있겠지만, 생산·제조 관련 기반시설이 없는 지역은 그러한 선택지조차 없기 때문에 고향사랑기부제(고향세) 도입의 주요 취지인 지역간 재정격차 완화는 어려울 것으로 보인다.

한편, 답례품의 한도는 기부금의 30% 내로 제한하고 있는

데, 이는 기부금 유치를 위한 경쟁 과열로 기부금액의 90% 이상을 답례품으로 제공한 일본 고향납세 폐단에서 착안한 것으로 보인다.

답례품과 더불어 기부자는 세액공제 혜택을 받을 수 있다. 10만원까지는 전액 세액공제 되고, 10만원을 초과하는 금액은 16.5%까지 부분 세액공제 된다. 즉, 10만원 이상을 기부할 경우 다음 표와 같이 기부자의 자기부담률은 계속 높아진다. 따라서 기부자에게 부담이 없는 10만원 이내를 기부할 급여소득자가 주

[기부금액 변화에 따른 분담률 비교][6]

기부금액	국세	지방세	기부자
10만원	91%	9%	0%
20만원	53%	5.3%	41.7%
30만원	40.3%	4%	55.7%
40만원	34%	3.4%	62.6%
50만원	30.2%	3%	66.8%
100만원	22.6%	2.3%	75.1%
500만원	16.5%	1.7%	81.8%

6 한국지방행정연구원, 일본 고향납세제도 현황과 우리나라 적용 방안, 2019, p.125. (자체연구 2019-1)

요 기부자로 편입될 것으로 예측한다.

일본은 기부금액 중 자기부담금 2,000엔을 제외한 전액이 세액공제되고 답례품까지 제공하는 등 파격적인 인센티브로 기부자를 유인하고 있다. 실제로 세액공제 한도를 높인 이후 기부금액이 두 배로 늘어나기도 했다. 물론 이와 같이 공제 한도를 상향하거나 이중공제를 허용할 경우, 타 기부금과의 형평성 논란이 있으므로 장기적으로는 자발적 기부를 목표로 해야 한다. 그러나 현재 국내 법령은 기부를 제한하는 규제가 더 많아 기부 유치를 위해서는 기부자의 애향심에 많은 부분 의존해야 하는 상황이다.

기부자 혜택

고향사랑기부제(고향세)에 참여한 기부자가 받을 수 있는 혜택은 크게 두 가지다. 첫 번째는 기부에 대한 감사 의미로 지자체가 기부자에게 전달하는 '답례품'이고, 두 번째는 기부금액에 따라 받을 수 있는 '세액공제'이다.

답례품이란 지자체가 기부자에게 기부금액의 30% 한도를 초과하지 않는 범위에서 제공하는 '물품' 또는 '경제적 이익'을 의미한다. 지자체는 주로 지역특산품이나 지역상품권을 답례품으로 등록하는데, 유명한 특산물이 없는 지자체나 특산품이 아예 없는 광역도시형 지자체는 대중적으로 인기 있는 품목(소고기, 쌀 등)을 전략적으로 활용하기도 한다. 일본에서는 농축산물뿐만 아니라 생활용품이나 가전제품까지도 답례품으로 제공하는 경우가 있다.

답례품과 관련된 혜택은 비교적 간단하다. 기부금액의 30%에 해당하는 물품을 받기 때문에 기부금액에 따라 답례품의 액수도 비례한다. 즉 10만원을 기부하면 3만원 상당, 100만원을 기부하면 30만원 상당의 답례품을 받는다. 하지만 동일품목 답례품이 같은 가격으로 등록되어 있다 하더라도, 지자체 역량에 따라 용량 차이가 있을 수 있다.

이와 비슷하게 일본 고향납세 시장에서는 기부금액에 대한 실제 답례품 금액(가치)을 비율로 산출한 '환원율'이라는 지표를 활용한다. 2019년 6월 제도가 개정되면서 각 지자체는 답례품 금액을 기부금액의 30% 한도 내에서 제공해야 하는 의무가 생겼다. 하지만 여전히 시장가격 대비 환원율 30%를 초과하는 답례품이 존재한다. 이런 상황이 가능한 이유는 각 지자체가 답례품 제공업체에 선제적으로 별도예산(소상공인 지원 등)을 투입해 용량이 더 많게 상품을 구성했기 때문이다. 작년 한 해 국내 일부 지자체에서도 일정 기간 답례품의 용량을 늘려주는 이벤트를 통해 기부를 유도하는 전략을 성공적으로 구사한 사례가 있다.

두 번째 혜택인 세액공제는 답례품보다는 좀 더 복잡하다. 우선 세액공제란 개인이 내야 할 총 세금에서 일정 금액을 빼주는 공제 유형을 의미한다. 고향세에 참여해 이와 같은 세액공제 혜택을 받을 수 있는데, 기부금액에 따라 공제 비율이 다르다. 10만원 이하는 100% 공제되며, 10만원 초과분에 대해서는 해당 금액의 16.5%가 공제된다. 고향세를 통해 기부한 금액은 국세청 홈택스에 자동접수되어 연말정산시 기부금 영수증으로 자동등록된다.

[고향사랑기부제 기부금액별 혜택]

기부금액	답례품	세액공제	기부자 총 혜택	혜택 비율
10,000원	3,000원	10,000원	13,000원	130%
100,000원	30,000원	100,000원	130,000원	130%
150,000원	45,000원	108,250원	153,250원	102.1%
200,000원	60,000원	116,500원	176,500원	88.2%
300,000원	90,000원	133,000원	223,000원	74.3%
500,000원	150,000원	166,000원	316,000원	63.2%
1,000,000원	300,000원	248,500원	548,500원	54.8%
5,000,000원	1,500,000원	908,500원	2,408,500원	48.1%

고향사랑기부제(고향세)는 각 지방자치단체가 지역 특색에 맞게 지역을 홍보하며 지역경제를 주도하는 지방경영시대의 시작이라는 점에서 중요한 의의를 지닌다. 시행령에서 지역별 세부 내용은 담아내지 못하기에 지역 차원에서 지역여건을 반영한 조례를 제정하고, 적극적인 조사와 연구를 동반해야 할 것으로 보인다.

법령에 따르면 지방자치단체는 고향사랑기부금 제도에 대한 주기적인 조사·분석, 연구 등을 통해 기부 활성화를 장려해야 한다고 명시되어 있다. 일본은 고향납세 제도 도입과 동시에 제도와 방향에 대한 연구를 많이 진행했다. 안정적이고 지속적인 제도 정착을 위한 연구는 필수라 하겠다. 특히 한국은 일본에 비해 지역 편차가 큰 편이므로 심도 있는 연구가 필요하다.

또한, 기부금이 주민복리 증진에 사용될 수 있도록 기금심의위원회를 구성하고 운영함으로써 운영 투명성을 높여야 하는데, 이를 위해서는 지역 의제를 발굴하는 과정도 중요하다. 따라서 지방자치단체는 관의 관점을 넘어 지역에서 활동하는 다양한 시민단체 및 활동가 등 민간 영역과 함께 거버넌스를 구축하고 함께 논의하는 체계를 구축해야 한다.

지금까지 살펴본 것처럼 현재 시행되고 있는 고향사랑기부금법은 다소 중앙통제적인 성격을 띠고 있어 기부 활성화에 걸림돌이 되지 않을지 학계 등 전문가들은 우려를 나타내고 있다. 일본의 사례에서 나타난 부작용을 최소화하기 위한 규제는 필요하지만, 일본과 달리 기부자 혜택이 다소 적고, 지역 제한이나 기부대상 제한, 지자체 직접 홍보 제한 등은 자칫 기부자에게 기부를 망설이게 하거나 참여를 어렵게 만드는 요인으로 작용할 수 있다.

따라서 필요한 규제는 시행하되 동시에 지방의 권한, 특히 홍보 등에 있어 민간과 협력하는 등의 자율성을 확보해줌으로써, 제도의 본래 목적인 지방 활성화, 재원마련 등을 달성할 수 있도록 규제와 지원의 균형을 맞춰나가야 할 것이다.

고향사랑기부제의 세 가지 속성

지자체의 입장, 즉 담당 공무원 입장에서는 고향사랑기부제(고향세)를 성공적으로 운영하기 위해 그 구성요소를 면밀하게 살펴볼 필요가 있다. 고향세는 크게 세 가지 속성과 두 가지 영역으로 나누어져 있다. 속성은 기부하는 사람의 입장과 관련이 있으며, 영역은 제도를 운용하는 지자체와 관련이 있다고 볼 수 있다.

고향세의 속성은 제도의 이름에서 알 수 있듯이 고향, 사랑, 그리고 기부라고 할 수 있다. 기부자가 특정 지자체에 기부할 때 이 세 가지를 모두 느낄 수 있다면 해당 지자체는 제도의 취지에 맞게 성공적으로 운영하고 있다고 할 수 있을 것이다. 즉, 제도 운용을 통해 잠재적 기부자에게 고향에 대한 인식을 심어주고 애틋함을 느끼게 하여 기부라는 실천으로 이어지도록 유도하는 것이다. 이렇게 보면 각 지자체가 타깃으로 삼는 대상은 너무나도 명확해 보인다. 바로 해당 지역 출향민일 것이다. 하지만 고향의 의미가 갈수록 희미해지고 있는데 과연 출향민에게만 기대할 수 있을지 의문이 남는다.

실제로 2022년에 1,000명을 대상으로 고향에 대한 인식을

[고향에 대한 인식조사]

출처: 한국리서치 정기조사 여론 속의 여론(hrcopinion.co.kr)

질문: 다음 중 귀하께서 생각하시는 고향의 의미와 가장 가까운 것은 어떤 것입니까?

(응답자 수 : 1,000명 / 조사기간: 2022.7.29.~8.1)

⬇

본인이 태어나고(42%), 자란 곳(33%)을 주로 고향으로 인식

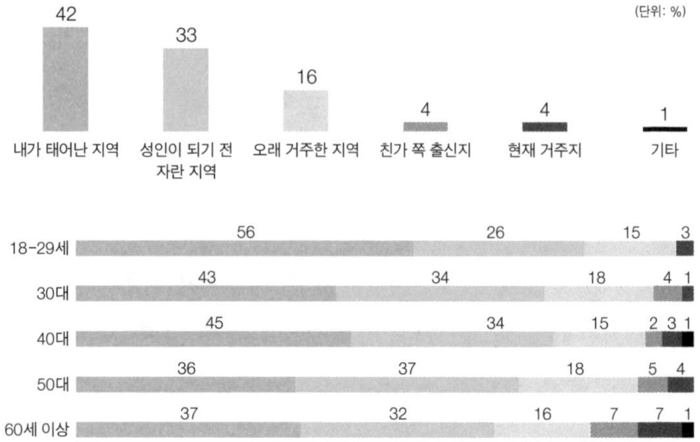

주제로 진행한 조사에 따르면, '내가 태어난 지역'이라고 응답한 사람은 42%, '성인이 되기 전 자란 지역'은 33%, '오래 거주한 지역'은 16%로 나타났다고 한다. 응답자의 절반 이상이 본인이 태어났거나 성장한 지역을 고향으로 인식한다는 것을 확인할 수 있다. 출생지를 고향으로 인식하는 경향은 20대에서 가장 큰 비율을 보였고, 연령대가 높아질수록 그 비율이 낮아지는 추세를

보였다.[7]

이처럼 고향의 의미나 고향에 대한 인식은 시대가 변함에 따라 다양해졌다. 최근 '제2의 고향', '마음의 고향' 등과 같은 단어가 등장하는 것에서 알 수 있듯이, 실제 고향이 아니더라도 특정 지역에 애정을 쏟는 현상도 빈번하게 나타난다. 좋아하는 아티스트의 고향이라든가, 평소에 즐기는 축제가 열리는 곳이라든가, 여행을 갔다가 인상에 남은 곳이라든가 그 유형이 다양하다. 다시 말해 기부자의 관심을 끄는 데 성공하거나 작은 관계라도 맺은 지역은 얼마든지 고향으로 느낄 수 있는 시대가 되었다. 이를 역으로 생각하면 지자체는 단지 출향민뿐만 아니라 전 국민을 잠재적 기부자로 설정할 수 있고, 고향세를 통해 그들과 관계를 맺어 그들의 또 다른 고향이 되도록 접근할 수 있다는 의미다.

출향민 또는 타지역 사람들과 관계 맺기를 통해 고향이라는 타이틀을 획득하는 데 성공한 지역은 앞으로 이들을 향해 끊임없는 구애활동을 해야 한다. 출향민은 해당 지역에 자신의 추억이 남아 있기 때문에 비교적 접근하기 쉽다. 고향 소식과 함께 다양한 분야에서의 활동내용을 잘 전달하기만 해도 그들의 마음을

7 관련 기사: 이동휘, "고향의 의미와 고향사랑기부금 제도에 대한 인식", 한국리서치 여론 속의 여론, 2022년 9월 6일, https://hrcopinion.co.kr/archives/24163

움직일 가능성이 높다. 출향민에게는 고향에 대한 사랑과 관심이 어느 정도 존재하기 때문이다. 하지만 그 밖의 경우에는 무조건적인 사랑보다는 조건적인 사랑을 기대하는 것이 올바른 접근이다. 다시 말해 기부자가 특정 지자체와 관계를 맺게 된 계기가 무엇인지 파악하고, 지속적인 관심과 접점 확대를 위해 부단히 노력해야 한다. 지역 안에서 기부자가 사랑할 만한 요소를 발굴하고 이를 적극적으로 활용해야 한다는 말이다. 한 가지 사례로 일본 히로시마현 진세키고원초는 유기견 보호 프로젝트로 지역 문제를 해결하여 일본 전역의 애견인에게 관심을 모았고, 곧 마음의 고향이 되었다.

특정 지역을 고향으로 느끼게 하고 사랑할 만한 요소까지 찾아냈다면, 이제는 기부를 유도하기 위한 전략적 접근이 필요하다. 그러기 위해서는 최근 기부자의 특성 및 관련 흐름에 대한 이해가 동반되어야 한다.

통계청 사회조사에 따르면, 기부에 참여하는 비율은 2011년부터 2021년까지 지속적으로 감소하고 있다. 반면에 1인당 평균 기부금액은 계속해서 증가해 2021년에는 1인당 약 60만원으로 역대 최고치를 경신했다. 즉, 기부에 참여하는 전체 인원은 감소하고 있을지라도, 한 번 기부에 참여한 사람은 기부금액 및 기부처의 범위가 확대되고 있음을 알 수 있다. 이를 고향세에 적용하

[기부 참여 관련 동향]

출처: 통계청 사회조사(2011~2021)

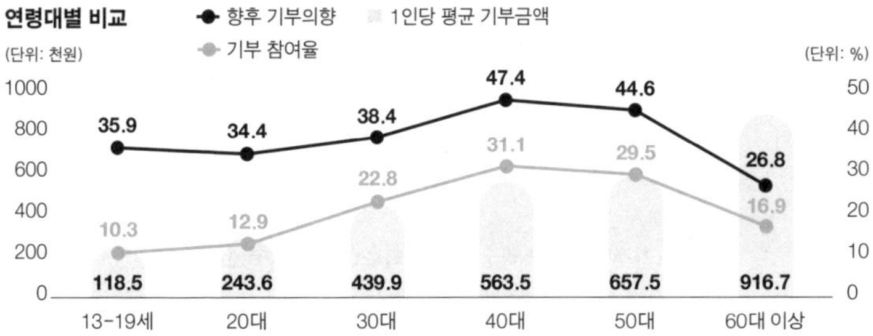

면, 한 번이라도 지역에 기부한 사람을 대상으로 기부금 사용처와 지역 상황을 알려주는 등 후속관리가 필수적이라는 말이다. 그래야 기부의 지속성과 기부금액 증대를 기대해볼 수 있다.

연령대별 기부 참여율은 40대 〉 50대 〉 30대 〉 60대 〉 20대 〉 10대 순으로 나타났는데, 이는 어느 정도 연령대별 개인소득 규모와 관계가 있다고 추측된다. 가장 높은 참여율을 보이는 40

대와 50대는 경제활동을 활발하게 하고, 어느 정도 사회적 위치에 도달한 연령대로 볼 수 있기 때문이다. 반면에 평균 기부금액은 60대 이상이 평균 91만원을 기록해 다른 연령대에 비해 월등히 높다는 것을 확인할 수 있다. 향후 기부 의향은 연령대를 불구하고 전반적으로 높게 나타났는데, 이를 기반으로 각 연령대에 적정한 기부금액을 제시하고 기부 동기 요인을 제공하는 것이 중요하다는 것을 알 수 있다.

이와 더불어 코로나 이후 비대면 플랫폼이 활성화되면서 기부방식에도 변화의 바람이 불기 시작했다. 아름다운재단의 조사

[기부방식별 총액 연도별 변화(2016~2020년)]

출처: 아름다운재단

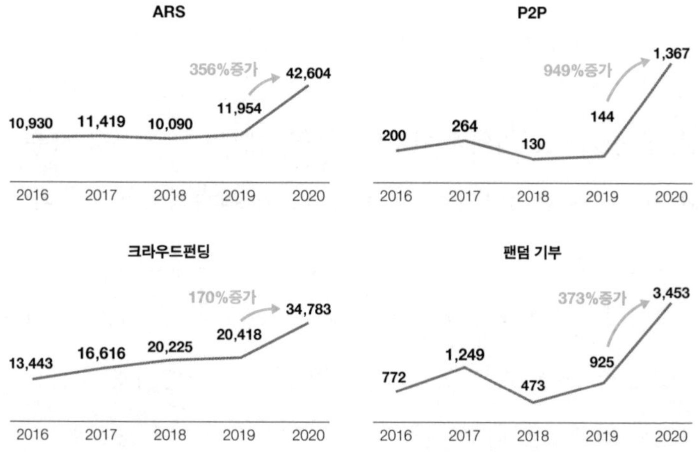

결과에 따르면, 최근 5년(2016~2020년)간 유산기부를 제외하고 누적액이 가장 많은 방식은 대면모금으로 총 4,699억원을 기록하였다. 이외에 특이점으로는 P2P, 팬덤 기부, 크라우드펀딩 등 IT기술을 바탕으로 한 온라인 플랫폼 이용 기부가 5년간 지속적으로 증가했다는 점이다.

연도별 총액 변화량 중 비교적 큰 증가폭을 보인 기부방식은 P2P[8] 〉 팬덤 기부 〉 ARS 〉 크라우드펀딩 순으로 확인되었다. 동일 기간 대면 기부방식(대면모금, 거리모금 등)은 변화의 폭이 미미하거나 줄어든 반면, 위의 네 가지 기부방식은 증가했다. 이들은 비대면이면서 동시에 온라인 플랫폼을 활용한다는 공통점이 있다. 특히 가장 큰 증가폭을 보인 P2P는 기존의 모금기관 대비 이슈에 발 빠르게 대응하고 SNS로 공유·확산하면서 기부금을 모금한다. 이후 기금을 사용하는 과정도 참여자들과 수시로 공유함으로써 쌍방향 의사소통을 진행한다는 특징이 있다. 즉, 모금과 기부금 사용처를 기부자와 공유하면서 공동체적 연대감을 형성하는데, 이러한 기부방식은 앞으로도 계속해서 선호도가 증

8 Peer to Peer의 약자로서 기부자와 수혜자 간 중개기관을 거치지 않는 방식을 의미. 아름다운재단 연구(2021)에서는 이를 '개인 및 비공식 집단이 자선적 목적으로 모금을 개설하고 그 모금의 과정과 결과가 SNS를 통해 확산되어 기부자가 자발적으로 기부하는 방식'으로 정의했다.

가할 것으로 보인다.

이와 같이 고향세의 세부 속성을 들여다보는 과정에서 본 제도를 성공적으로 운영하기 위한 몇 가지 핵심 요소를 찾아낼 수 있었다. 그중에서 우선적으로 '고향'이라는 단어는 더 이상 출향민만을 대상으로 하지 않는다는 사실을 고려해야 한다. 그렇기 때문에 각 지자체는 출향민뿐만 아니라 그 밖의 사람들에게도 관심을 기울이고 관계를 맺어 '제2의 고향'이 될 수 있게 노력해야 한다. 동시에 이 잠재적 기부자들이 해당 지역을 '사랑'할 수 있도록 지역의 특수성을 발굴해야 한다. 그 특수성은 누구나 공감할 만한 대중적인 의제(친환경, 아동복지 등)가 될 수도 있고, 비록 소수일지라도 깊은 공감대를 형성할 수 있는, 지역의 고유성에 기반한 이슈(역사적·문화적 가치)가 될 수도 있다.

마지막으로 잠재적 기부자가 실제 기부를 실행할 수 있게 그들의 '기부'를 유도할 수 있어야 한다. 그러기 위해서는 기부자의 연령대를 비롯한 관심사와 기부방식에 세밀하게 접근해야 한다. 우선 지역의 특수성을 발굴했다면 관심을 가질 만한 연령대를 설정해 홍보하고, 기부방식도 트렌드를 반영해 결정해야 한다. 최근 온라인 플랫폼을 기반으로 기부를 유도하는 다양한 방식이 등장하고 있지만, 고향세는 현재 '고향사랑e음'에서만 기부금을 모금할 수 있게 일원화되어 있다는 한계점이 존재한다. 하지만 향후 민간플랫폼이 활성화되면 모금방식 또한 다양해질 수 있기에 이를 대비한 사전준비도 필요하다.

고향사랑기부제 운영 전략

전국 지자체는 고향사랑기부제(고향세)의 속성을 염두에 두고 각 지역 상황에 맞는 운영 전략을 모색해야 한다. 운영 면에서 고향세는 크게 '답례품'과 '기금사업'의 영역으로 나눌 수 있다. 지역을 대표하는 답례품을 발굴하고 개발하는 것, 그리고 지역 문제를 해결하는 기금사업을 기획하고 운영하는 일이 핵심이다.

사실 이 두 가지 영역은 다양한 방면의 전문영역을 포괄하고 있다. 상품개발, 컨설팅, 교육, 유통관리, 고객응대, 사후처리, 의제 발굴, 모금사업 기획 및 운영, 경과 및 결과 보고, 사업 집행, 기부자 후속관리 등 세부적으로 들어가면 이보다 더 많은 영역을 다루어야 한다.

하지만 현재 이 모든 요소와 복잡다단한 과정을 명확하게 안내하는 공식 자료는 없는 듯하다. 다시 말해 각 지자체 고향세 담당 공무원이 이 모든 영역을 스스로 헤쳐 나가야 하는 실정이다. 결과적으로 담당 공무원의 역량이나 업무 효율, 제도 운용의 정교성 측면에서 지자체별 격차가 더 심화되지 않을까 우려된다. 따라서 앞서 언급한 두 영역을 운영할 때 필요한 핵심 요소를 짚어보고 참고전략을 제시하고자 한다.

답례품

답례품 영역에서 운영은 발굴과 개발(육성), 관리로 구성되어 있으며, 이를 관통하는 핵심요소는 상품과 생산업체이다. 우선 상품부터 살펴보면 한국은 국토가 좁아 인접도시 간 유사한 기후환경을 가지고 있어 특산물 또한 크게 다르지 않다. 또한, 대다수 특산물은 생산 지역의 이름이 형용사(가평 잣, 이천 쌀, 논산 딸기, 충주 사과, 영광 굴비, 성주 참외, 횡성 한우 등) 형태로 상품명 앞에 붙는 예가 흔하다. 그렇기 때문에 기존의 특산물·특산품을 활용해 답례품으로 등록하고자 할 때는 지역성을 강조하는 것과 더불어, 현시점의 소비 트렌드를 고려한 '답례품의 재구성'이 필요하다.

예를 들어 소고기는 한국과 일본에서 공통으로 인기가 많은 답례품 중 하나인데, 소고기를 답례품으로 등록할 때는 단순히 업체에서 늘 해오던 납품 형태가 아닌 잠재적 소비자의 소비행태를 고려한 상품 형태로 재구성해야 한다는 의미다. 흔히 소고기는 일단 냉동하면 본연의 맛을 잃는다고 생각하기 때문에 특히 1인 가구나 신혼부부 가구(2020년 기준 전체 가구의 60% 이상을 차지)는 한번에 많은 양의 소고기를 사지 않을 것이다. 이들을 대상으로 소비를 유도하기 위해서는 기존의 상품과 서비스를 쪼개고 나누는 전략이 필요하며, 이는 이미 기존 업계에서 활발

[1~2인 가구 비중 및 유통업계 전략]

출처: 한국경제

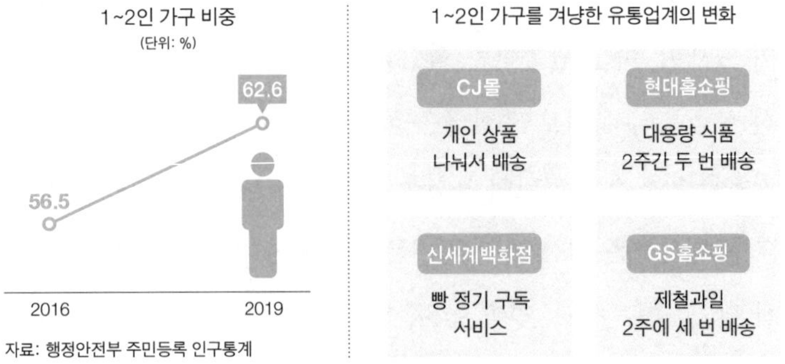

하게 적용하고 있는 전략이기도 하다.[9]

이 밖에 기존 답례품에 적용할 수 있는 전략으로 지역의 다양한 특산물을 소분 포장한 상품, 1년간 출하시기에 따라 특산물을 정기 배송하는 서비스, 타 답례품 구매시 홍보용으로 제공하는 시식용 특산물 구성 등이 있다.

하지만 기존 상품을 가지고 구성만 달리하는 전략은 분명 한계가 있다. 소비자는 언제나 계속해서 새로운 상품을 찾는 경향이 있기 때문에 지속적인 답례품 개발은 필수이다. 따라서 기존

9 관련 기사: 김기만/노유정/박종필, "1인 가구 겨냥…쌀 300g, 한끼 소고기도 배송", 한국경제, 2021년 1월 6일, https://www.hankyung.com/economy/article/2021010644151

자원을 새롭게 활용하는 방안을 고민할 필요가 있다.

1차 생산물의 경우 궁극적으로는 제조·가공 등을 통해 부가가치를 높여야 한다. 해당 지역에 제조·가공 산업단지가 이미 있다면 적극적으로 활용하고, 관련 인프라가 없다면 중장기적으로 계획을 세우는 것도 필요하다. 최근 가정간편식의 수요가 늘면서 지역 농산물을 활용한 밀키트 제품도 계속해서 개발하는 추세이다. 간단하게 만들어 먹을 수 있는 나물부터 몸보신을 위한 고급 건강식까지 그 종류도 다양하다.

그리고 지역특산물·특산품을 토대로 지역 내 기업과 협업 방식으로 한정판 제품을 제작하는 것도 하나의 방법이다. 이때 해당 상품의 희귀성을 높이기 위해 지역 내 혹은 온라인 플랫폼에서만 유통하는 마케팅 방식도 적용할 수 있다. 기업 입장에서도 ESG 경영을 생각하지 않을 수 없는 상황에서, 이런 현상이 로코노미(로컬+이코노미) 트렌드와 맞물려 지역은 오히려 기회의 장이 될 것이다.

이 외에도 기존에 없던 아예 새로운 상품을 개발하는 방법도 있다. 대표적으로 지자체에서 기획 중인 핵심 기금사업이 있을 경우 이와 직접적으로 연계된 답례품을 개발하는 방법이 대표적이다. 일본 도쿄도 시나가와구에서는 장애인 축구단을 응원하는 기금사업을 운영하는데, 이와 직접 연계된 답례품으로 엽서 및

[강진군 지역특화 밀키트]

[제주 특산물을 활용한 스타벅스 음료들]

[일본 장애인 축구단 연계 답례품]

축구단 캐릭터 인형

캐릭터 상품, 유니폼과 축구공 등의 상품을 답례품으로 제공한다. 기금사업에 참여한 기부자는 관련 답례품을 받아 사업에 대한 애정이 더 생기고, 후속사업 진행시에도 참여할 확률이 높아진다.

답례품을 발굴하고 개발하는 과정을 거쳤다면, 답례품을 관리하는 전략 또한 필요하다. 답례품의 품질 관리, 기부자 데이터 분석, 소비 트렌드 분석 등을 통해 기부자에게 자신의 기부가 좋은 상품과 서비스로 돌아온다는 인상을 심어줘야 한다.

답례품 품질을 관리하기 위해서는 주기적 평가가 가능한 내부 시스템이 필요하다. 단순히 답례품의 품질이 좋고 안 좋고를 판단하기보다, 등록된 답례품의 판매실적과 각종 데이터를 토대로 개선점을 찾는 데 주안점을 두어야 한다. 그러기 위해서는 판단을 내릴 주체와 근거가 필요하기 마련이다.

대다수 지자체는 답례품 선정위원회를 구성하고 있는데, 이를 적극적으로 활용해야 한다. 답례품 선정뿐만 아니라 평가회에서 계속 공부하고 고민하는 환경을 조성해야 한다. 또한 소비 트렌드, 타 지자체 사례, 일본 고향납세 우수사례, 전국 단위 답례품 판매 현황 등의 자료도 주기적으로 업데이트해야 한다. 이와 같은 평가회가 자리를 잡는다면 새로운 답례품을 발굴하고 개발하는 영역에서도 의견 교류가 활성화될 것이다.

또한 각 지자체는 공개모집 방식으로 역량 있는 지역 업체를 선정하게 된다. 업체 선정 기준은 사전에 정한다. 물론 기준을 충족하는 상품 품질과 이를 제공할 수 있는 능력도 중요하지만, 그중에는 좋은 상품을 생산하면서도 특정 자격요건(문서작업 능력, 유통채널 운영 여부 등)이 갖춰지지 않아 업체로 선정되지 않는 경우가 생길 수 있다. 향후 가능성이 있는 업체는 별도로 관리하여 답례품 공급업체로 육성하는 과정을 운영하면, 결국에는 지역 업체의 역량 강화로 이어질 것이다.

동시에 드러나지 않는 업체를 직접 발굴하는 과정도 필요하다. 지역에는 잘 알려져 있지 않지만 이미 전국적인 고객층을 가지고 있는 업체가 있기 마련이다. 온라인 사업이 활성화한 오늘날 SNS 홍보로 나름의 팬을 보유하고 있을 가능성이 높기 때문이다. 이런 업체들의 상품을 찾아내 답례품으로 등록한다면 고향세의 전액 세액공제 구간을 활용한 홍보로 기부자를 확보할 수 있을 것이다.

답례품과 마찬가지로 업체 관리에서도 주기적인 교류가 필요하다. 고향납세가 완전히 자리잡은 일본의 사례인데, 가고시마현에 위치한 어느 축산공장은 연간 매출의 70% 이상이 답례품을 통해 나온다고 한다. 물론 이렇게 되기까지 답례품을 관리하고, 개발하고, 홍보하는 등의 다양한 노력이 뒤따랐을 것이다.

[일본 '고향납세' 현장을 가다 자료화면]

출처: 전주 MBC

이처럼 고향사랑기부제는 전국적으로 자사 제품을 알릴 수 있는 홍보 플랫폼의 역할을 할 수 있다. 이러한 점을 적극적으로 활용하여 업체들과도 하나의 연대를 형성해야 한다. 그러기 위해서는 지자체 차원에서 업체에 대한 주기적인 교육과 운영상 애로사항을 해결할 수 있도록 지원하며, 계속해서 발전해 나갈 수 있도록 도움을 주는 동반자 역할을 자처해야 한다.

위에서 설명한 '답례품'이라는 영역의 주요 과정인 발굴, 개발, 관리와 그 핵심요소인 상품과 업체에 대한 참고전략을 정리하면 다음 표와 같다.

[답례품 운영 참고전략]

	발굴	개발(육성)	관리
상품	• 답례품의 재구성 • 소분 포장 • 정기 배송 • 시식용/체험용 답례품	• 부가가치 창출 • 제조·가공 과정 • 기업 협업 제품 • 기금사업 연계	• 품질관리 • 기부자 데이터 분석 • 소비 트렌드 분석 • 주기적 평가 체계
공급업체	• 선정 가이드라인 수립 • 고객층 확보 업체 탐색	• 자격조건 충족 지원 • 행정업무 지원 • 장기적 관점 육성	• 주기적 교류 및 교육 • 연대감 형성

기금사업

고향사랑기부제(고향세) 운영의 두 번째 영역인 '기금사업'은 의제 발굴, 모금 기획·운영, 사업 수행 등의 과정으로 구성되며, 그 핵심요소는 시민(단체)과 행정(지자체)의 협업이다. 고향세 시행 초기 세액공제와 답례품 중심으로 제도가 홍보되어, 누군가를 돕기보다는 기부자가 받을 수 있는 혜택이 강조된 경향이 있다. 이런 현상은 2008년부터 고향납세를 시행해온 일본에서도 유사하게 나타났다. 2013년에는 GCF(Government Crowdfunding)라는 이름의 크라우드펀딩형 고향납세 제도가 도입되어 기부자가 기부금 사용처를 정해서 낼 수 있게 되면서 제도의 의의에 적합하다는 평을 받았으며, 이후 관련 영역은 계속해서 확장되고 있다. 국내에서도 지정기부의 중요성에 대한 논의는 벌써 여러 언론을 통해 언급되고 있으며, 발빠른 지자체는 핵심 기금사업을 발굴하여 홍보에까지 활용하고 있다.

기금사업의 가장 큰 목적은 무엇보다 현상황에서 행정의 힘만으로 해결하기 어려운 지역 문제를 해결하는 것이다. 내실 있는 기금사업 운영을 위해서는 위에서 언급한 과정을 수행해야 하는데, 모든 과정을 행정의 힘만으로 하기에는 한계가 있다. 지역에는 이미 다양한 영역에서 활동하는 기관이나 단체, 그리고 시민이 있기에 이들과 함께 고민하고, 기획하고, 수행하는 구조가 필요하다.

우선 행정이 지역 의제를 발굴하는 과정에서 가질 수 있는 가장 큰 장점은 기존에 추진하던 정책과 사업을 연계하여 생각할 수 있다는 점이다. 이를 효과적으로 수행하기 위해서는 논의 구조가 필요하다. 고향세 운영을 위한 TF팀 구성이 한 예라고 할 수 있다. 참여 대상은 최소한 고향사랑기부금법에서 언급된 기금 목적[10]과 관계된 부서로 구성하되, 전반적인 사업에 대한 이

10 제11조(고향사랑기금의 설치 등) 제2항의 제1~4호에 해당하는 내용으로 '사회적 취약계층의 지원 및 청소년의 육성·보호', '지역 주민의 문화·예술·보건 등의 증진', '시민참여, 자원봉사 등 지역공동체 활성화 지원', '그 밖에 주민의 복리 증진에 필요한 사업의 추진' 등이 있다.

해와 실무 경험을 보유한 사람이 참석하는 것이 바람직하다. 각 부서로부터 기금사업에 대한 의견을 청취하되, 현재 진행하는 사업 중 확장하고 싶은 사업, 혹은 진행하고 싶었으나 예산 부족·적은 성과·수혜 범위 협소 등의 이유로 진행하지 못한 사업을 주 내용으로 한다. 이렇게 수렴된 의견을 토대로 논의구조 과정을 거쳐 핵심사업의 우선순위를 도출할 수 있다. 또한, 각 지자체에는 주민센터, 주민자치회, 통장협의회 등 다양한 행정 기반의 기관과 활동단체가 있기 마련인데, 특정 범위로 한정하여 이들이 논의할 수 있는 구조를 만들고 주기적으로 의견을 수렴하는 과정도 수행하면 좋을 것이다.

행정 중심의 의제 발굴 과정과 병렬적으로 진행해야 하는 영역은 바로 시민 중심의 과정이다. 일반시민에게 듣는 의견은 가장 현장에 밀접하고 세세하다는 장점이 있지만, 동시에 다분히 개인적이거나 의견 자체를 수렴하기 어렵다는 단점이 있다. 그렇기 때문에 일반시민 대상으로는 간단한 형태의 설문조사를 진행하되, 핵심 주관식 문항을 활용하여 의견을 수렴하는 방법이 효과적일 것이다. 최근에는 특정 지자체의 기금사업 주제를 발굴하기 위해 상금을 건 공모전이나, 일주일 살기를 통한 워크숍 등도 함께 운영하는 추세이다.

또한, 각 지역에는 특정 영역에서 발생하는 의제나 문제를

[기금사업 아이디어 공모전 사례]

[지정기부 발굴 일주일 살기 사례]

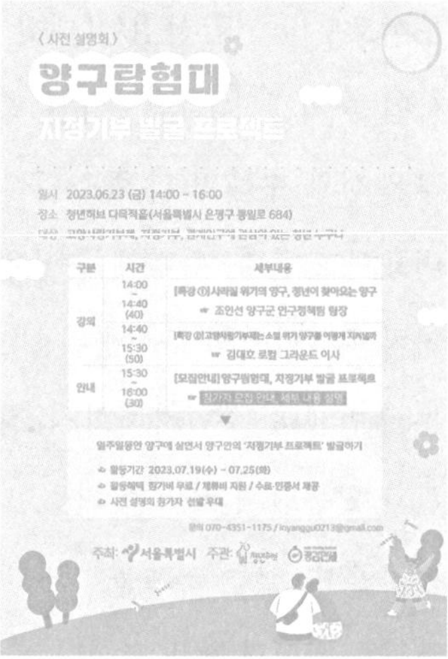

해결하기 위한 다양한 단체와 활동가가 이미 존재하기 마련이다. 이들의 활동은 주요 행정 정책과 긴밀하게 연결된 경우가 많은데, 현장에서 실제로 사업을 운영하고 활동하다 보니 현장성도 있는 편이다. 이들은 중간다리 역할로 어느 정도 행정과 시민의 입장을 모두 고려한 의견을 줄 수 있다는 장점이 있다. 분야별 거버넌스가 있다면 이를 활용하여 주기적으로 의제를 발굴할 수 있을 것으로 기대된다.

다양한 주체로부터 의견 수렴 과정을 거쳤다면, 이를 토대로 기금사업을 보다 구체적으로 기획하는 과정을 진행한다. 대부분 지자체 조례로 기금심의위원회를 운영하고 있으나, 기금의 관리와 운용 등 행정적 절차에 초점이 맞추어져 있다. 그렇기에 각 분야를 대표하는 시민, 활동가, 단체와 행정, 전문가가 함께 논의하는 거버넌스 체계를 구축하여 기금사업의 실무 내용을 논의할 수 있어야 한다. 다만 해당 거버넌스 운영을 위해서는 사전 워크숍 등을 통해 각자가 속한 분야를 우선시하여 기금사업을 기획하기보다, 지자체 차원에서 장기적인 관점을 가지고 함께 고민하는 분위기를 조성해야 한다. 이러한 과정을 통해 도출된 기금사업과 관련 자료는 내실 있는 기금운용계획을 수립하고 실제로 모금을 진행하는 데 유용하게 활용될 것이다.

기금사업 우선순위를 설정하고 이를 주제로 모금을 하기 위해서는 세부 설계가 필요하다. 우선 각 지자체는 기금사업을 운영하는 핵심 기조와 원칙에 대해 기부자에게 알릴 필요가 있다. 기부자는 기부금을 운영하는 단체도 중요하게 생각하기 때문에 그 단체의 활동 방향성 또한 궁금해할 것이다. 만약 기금사업을 함께 수행하고자 하는 기관이나 단체가 있다면 그들의 활동이력, 비전, 그리고 행정과 협업하는 이유 등에 관한 내용도 언급해주는 것이 좋다.

최근 일본의 GCF 모금액 설정 추세를 보면 1천만엔(약 1억

[1천만엔 미만 목표액을 설정한 GCF 방식 프로젝트 사례]

출처: 후루사토초이스 GCF 홈페이지

원) 이상의 사업보다는 1~3백만엔(약 1~3천만원) 단위의 사업이 많다는 것을 확인할 수 있다.[11] 이는 금액이 적은 만큼 작은 단위의 사업을 의미하는데, 기부자 입장에서는 규모는 작더라도 구체적으로 기획된 사업에 대한 신뢰도가 높고 비교적 결과를 빠른 시간 내에 확인할 수 있기 때문이라고 추측된다. 최근 기부 방식 중 실시간으로 소통하며 즉각적으로 기부 결과를 보여주는 P2P 방식에 대한 호응도가 높아지는 것과 유사한 흐름으로 보인다. 그러므로 각 지자체는 목표액 설정시 단기사업의 경우 보다 작은 프로젝트 단위로 나누어서 기획하는 것도 하나의 방법이다.

민관 협업의 관계는 이후 사업을 수행하는 과정에서도 중요한 역할을 한다. 모금 이후 실제 기금사업을 수행하면서 지자체 자체적으로 진행할 수 있는 사업도 있겠지만, 지역 내 기관이나 단체와 연계하여 진행하는 경우도 발생한다. 일본 사가현은 CSO(Civil Society Organization)[12]와의 협업을 통해 기금사업 운영에 차별화를 둔 지자체로 유명하다. 지자체는 고향납세 운영 과정에서 각 CSO가 운영하고자 하는 기금사업을 활용해 기부금을 모으고, 지자체는 90%를 CSO에 교부하여 직접 답

11 참고 사이트: https://www.furusato-tax.jp/gcf/project?header=

12 NPO, 임의단체, 자치회, 봉사단체, 주민조직, 민간조직 등을 포괄하는 개념의 용어.

례품을 제공하고 사용할 수 있게 한다. 이런 과정을 통해 사가현은 100여 개 CSO와 협업하여 9억엔가량을 모금했고, 그에 따라 타지역 NPO가 사가현으로 이주해 오는 현상까지 나타났다. 지자체 입장에서는 대부분의 실무를 CSO로 이전한 셈이나 마찬가지기에 업무는 경감한 반면, CSO는 기부자와의 직접 소통으로 기부자 만족도가 높아지면서 기부 연속성 또한 향상하는 결과를 가져왔다. 이러한 협업 구조는 국내에서도 실현 가능성이 있기에, 지자체의 또 다른 과제는 역량 있는 기관이나 단체를 발굴하거나 육성하는 것이라고 볼 수도 있다.

전략적인 조례 제정과 운영방안

고향사랑기부금법은 처음 시행하는 제도의 부작용을 최소화하기 위해 중앙통제적이며 규제중심 성향을 보였다. 몇몇 지자체는 제한적인 상황 속에서도 지역 실정에 맞게 조례를 제정해 돌파구를 마련했는데, 몇 가지 사례를 소개한다.

전라북도 완주군

전라북도 완주군은 고향사랑기부제(고향세)에 효과적으로 대응하기 위해 중간지원조직의 필요성을 절감하고, 이에 따른 행정·민간·중간조직 연계 민관협력시스템을 구축하고 운영하기 위해 조례를 제정했다. 완주군은 고향사랑기부제 법률과 시행령상 홍보방법에 제약이 많다는 점, 다양한 분야의 통합과 체계적인 추진이 요구되는 업무라는 점, 답례품 개발과 선정, 기부금 활용 등에 민간 참여가 반드시 필요하다는 점, 도시민과 접점을 이루는 지점에서 원활한 후속사업과의 연계가 필요하다는 점, 사회적경제조직과 사회적경제 생태계 육성에 집중하고자 하는 점을 이유로 중간지원조직 운영을 가능하게 하는 조항을 조례 제정시 반영했다.

[완주군 고향사랑기부제 조례(22.10.13. 제정)]

제19조(상담서비스 등 사무위탁) ① 군수는 선정된 답례품 공급 등에 대한 정보의 관리·운영 및 상담서비스 등을 제공하기 위하여 이와 관련된 전문기관에 위탁하여 운영할 수 있다. ② 군수는 제1항에 따라 위탁받은 기관에게 그 업무를 수행하는 데 필요한 비용을 예산의 범위에서 지원할 수 있다.

이를 근거로 완주군청과 사회적협동조합 완주사회적경제네트워크와 협약을 맺고, 중간지원조직의 위탁운영을 의뢰했다. 해당 중간지원조직에서는 고향세 관련 업무를 포함하여 위탁 사무를 보고 있으며, 완주군은 관련 예산을 편성해 지원했다. 또한 완주군 고향세 답례품의 저장, 유통, 물류 서비스 대행 역시 준비하고 있다. 이를 위해 기존에 완주군과 전북의 식품기업들이 물류·마케팅을 공동으로 추진하기 위해 설립한 협동조합과 함께할 계획이기도 하다. 이런 공동운영 방식은 소모품 공동구매가 가능해 단가 절감에도 기여할 수 있을 것으로 기대한다. 이밖에도 완주 지역 사회적경제 생태계와 결합해 관련 조직을 장기적으로 지원·육성하고, 향후 기반이 탄탄한 업체와 함께 답례품 생산을 계획하고 있다.

이는 곧 행정과 민간, 중간지원조직이 연계하는 민관협력 시스템이라고 소개할 수도 있다. 각각의 주체는 부군수와 각종 군 내 부서로 구성된 완주군 행정협의회, 중간지원조직 및 기업으로 구성된 고향사랑기부포럼, 그리고 중간지원조직이다. 이들이 세 영역에서 각자 효율적으로 수행할 수 있는 업무를 주로 추진하며 협력한다면 전반적으로 전문성과 효율성이 향상될 것으로 기대한다. 행정협의회에서는 주로 조례를 비롯한 각종 제도 정비를 담당하며, 관련 부서와 협조해 기금 운용, 답례품 선정, 프로젝트 운영 등을 지원한다. 고향사랑기부포럼은 주기적으로 교류하면서 정책과 아이디어, 홍보 방안을 비롯해 답례품 기획과 상품화를 제안하고 프로젝트 실행에도 참여한다. 중간지원조직은 고향세 업무 전반을 수행하는데 답례품 운영과 개발 교육, 기금사업 프로젝트 실행의 주체가 된다. 이렇게 완주군은 각자 영역의 전문성을 토대로 한 분업화로 고향세를 보다 섬세하게 운영하기 위해 도전하고 있다.

충청북도 증평군

다음 사례인 충청북도 증평군은 일반적인 군 단위 도시와 다른 특성이 있다. 증평군은 2003년 8월 괴산군에서 분리된 비교적 젊은, 다른 말로 하면 역사가 짧은 도시이다. 행정구역은 오직 1읍 1면으로만 구성되어 있다. 인구는 3만 7천여 명이며, 국내에

[증평군의 생활인구 공략 사례]

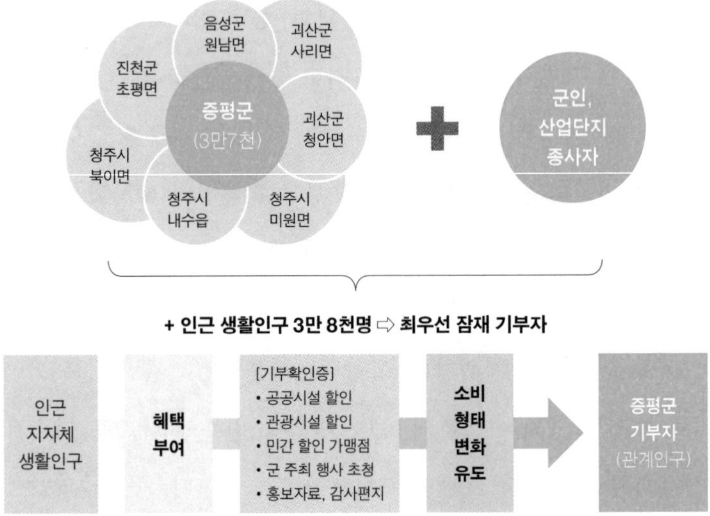

증평군 "고향사랑 기부자에 추가 인센티브"…조례 개정

송고시간 | 2023-03-26 08:34

(증평=연합뉴스) 전창해 기자=충북 증평군이 고향사랑기부제 활성화를 위해 기부자에게 답례품 외에 추가적인 인센티브를 제공하는 방안을 준비 중이다.

증평군 고향사랑기부금 1억원 돌파…충북 처음

기사입력 : 2023년04월10일 10:28 | 최종수정 : 2023년04월10일 10:28

[증평=뉴스핌] 백운학 기자=충북 증평군이 고향사랑기부 모금액 1억 원을 돌파했다.. 1억원 돌파를 알린 지자체는 충북에선 증평군이 처음이다.

고향사랑기부제, 증평군 '관계인구'로 활성화

양대규 / 승인 2023.05.14. 09:00

지난 11일 좌구산 휴양랜드서 한창섭 행안부 차관, 이재영 증평군사 간담회 가져서 울릉군 다음으로 면적이 좁은 군이기도 하다. 하지만 증평군은 충청북도에서 처음으로 고향사랑기부금 모금액 1억원을 돌파해 언론의 주목을 받았고, 성공모델로까지 불리고 있다.

증평군의 공략 지점은 바로 생활인구[13]였다. 증평군은 청주시, 진천군, 괴산군, 음성군 등 다양한 지자체와 인접하고 있어서 광역생활권 형성이 가능했고, 시군 경계가 모호한 것을 장점으로 활용했다. 이 지역 생활인구는 모두 합쳐 8만 명에 육박한다. 증평군은 생활인구를 증평군 기부자로 만들기 위해 기부자에게 인센티브를 제공할 수 있도록 조례를 개정했다.

[증평군 고향사랑기부제 조례(23.5.4. 일부 개정)]

제18조(기부자에 대한 예우) ① 군수는 기부자에게 다음 각 호에 따라 예우할 수 있다.

1. 별지 서식에 따른 고향사랑기부확인증 발급
2. 군에서 설치·관리하는 공공시설의 이용료 등 감면
3. 숙박·레저·관광시설 등 민간 할인 가맹점의 이용료 감면
4. 군에서 발행하는 홍보 매체, 인터넷 홈페이지 등에 기부자 명단 공표

13 생활인구란 해당 지역의 정주인구는 아니지만 직장, 여행, 편의 등 이유로 왕래가 잦은 인구를 의미한다. 다른 말로 관계인구라고도 한다.

5. 군이 주최, 주관하는 행사 초청

6. 군정시책이나 군정 홍보에 관한 자료 발송

7. 연하장 또는 감사 편지 발송

② 군수는 제1항제3호에 따른 가맹점 등록 업체에 예산의 범위에서 필요한 재정적 지원을 할 수 있다.

조례에 따르면 증평군 기부자에게 고향사랑기부확인증을 발급해 군 내 위치한 체육시설과 휴양림 이용시 증평군민과 동일한 혜택을 받고, 음식점과 숙박시설 등 민간 가맹점에서도 할인받을 수 있게 했다. 또한, 군 주최 행사에 초청하고, 홍보자료를 보내주고, 감사편지를 쓰는 등 계속해서 관계 맺기 위해 노력한다. 실제로 증평군 기부자의 소재지를 파악한 결과 대다수가 충청북도 도민으로 파악되었다고 한다.

이처럼 고향사랑기부금법 자체만으로는 제약이 많지만, 이를 우회하는 전략적 돌파구가 있다는 것을 확인했다. 즉, 지자체가 조례를 개정해 스스로 고향세 운영 전략을 모색하게 한다면 고향세는 더욱 활성화할 수 있을 것이다.

[증평군 생활인구제도 도입을 위한 조례 개정 전략]

생활인구 지표 변화

지역소멸 위기 극복을 위해 지역에 주민등록을 둔
인구(정주인구)가 아닌 생활인구제도 본격 도입

생활인구	• 통근, 통학, 관광 등을 통해 지역에 일시적으로 체류하는 사람까지 해당 지역 인구로 정의 • 외국인 등록자와 국내거소신고 외국인까지 포함

⬇

생활인구 시범산정 대상지역 선정

공공(주민·외국인), 민간(이동통신) 데이터를 결합하여 산정

주민	• 주민등록정보 → 지역에 주민등록한 인구 단순 산정
체류인구	• 이동통신정보, 주민등록·외국인등록·국내거소신고 정보 → 지역 월 1회, 하루 3시간 이상 체류한 사람 중 등록 인구 제외
외국인	• 외국인등록·국내거소신고 정보 → 지역에 등록한 인구 단순 산정

**생활인구·활력타운·기부금 삼두마차로
지역소멸 위기를 넘는다**

지역소멸 위기 극복 주요정책

생활인구제	지역활력타운	고향사랑기부금
1 개념 통근·통학·관광 등 체류인구도 인구로 정의	1 지방 이주민을 위한 주거·문화 복합단지	1 개인이 자신의 고향에 기부하면 해당 지자체에서 답례품 제공
2 기대효과 지역경제 활성화, 지자체 간 소모적 인구유치 경쟁 감소, 생활인구 맞춤형 정책 추진	2 은퇴자·청년 이주 확대, 지역 일자리 창출 및 경제 활성화	2 열악한 지자체 재정 확충, 지역주민 복리 증진, 지역경제 활성화

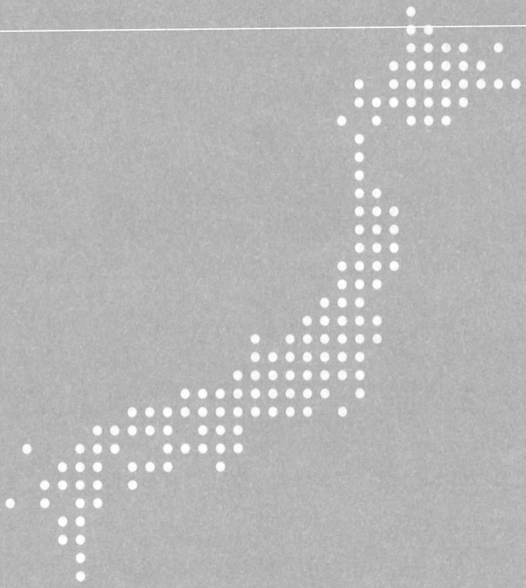

일본 사례

저출생, 지역소멸. 하루걸러 뉴스에 등장하는 말들이다. 전국 243개 지방자치단체 중 인구감소지역으로 지정된 곳은 총 89곳. 전국 시군구 2~3곳 중 1곳은 소멸 위기에 직면하고 있는 셈이다. 인구감소는 지방의 세수 부족과 직결된다. 세금을 낼 사람이 점점 사라지면 세수로 운영되는 사업들이 축소된다. 행정서비스가 감축되면 살기 힘든 지역이 되어 다시 사람이 빠져나가는 악순환을 불러온다.

인구감소가 불러오는 지역의 위기를 볼 수 있는 또 하나의 지표는 재정자립도이다. 세수가 줄면 재정자립도도 자연히 낮아지기 때문이다. 2019년 한국지방행정연구원 연구에 따르면, 비수도권에서 수도권으로의 유입인구 증가와 저출생, 고령화는 지방재정자립도를 악화시키며, 지방재정자립 취약지역은 지역소멸 위험지역과 중첩되는 측면이 있다.[14] 한국 지방자치단체 재정자립도 평균은 2021년 기준 43.6%이다. 이 중 평균보다 재정자립도가 높은 지역은 서울특별시를 포함한 수도권 13개 지역과

14 한국지방행정연구원, 일본 고향납세제도 현황과 우리나라 적용 방안, 2019, p.69. (자체연구 2019-1)

세종특별시, 울산광역시로 전체의 6% 수준이며, 전국에서 80% 넘는 지역이 재정자립도 30% 이하를 나타내고 있다. 또, 재정자립도 하위 50개 지자체들 중 두 곳을 제외하고는 전부 지방소멸 위기 지역으로 지정되어 있다. 이 48곳 지자체들의 재정자립도는 5~10% 미만이다. 평균 재정자립도를 크게 밑도는 수준이다.

일본은 이러한 문제를 한국보다 먼저 경험했다. 국고 재정수입은 갈수록 줄고, 고령인구 증가로 재정지출이 점점 늘면서 공공행정 분야의 공적채무도 증가했다. 일본은 행정개혁추진법 제정과 고향납세로 이 상황을 타개하고자 했다.

[기획재정부, 행정안전부 '2021년도 지방자치단체 통합재정 개요']

출처: 국가통계포털(KOSIS)

	재정자립도 0~10%	재정자립도 11~20%	재정자립도 21~30%	재정자립도 31~40%	재정자립도 41~43.6%	재정자립도 평균 이상 (43.6%)
특·광역시	0	0	0	3	1	3
도	0	0	5	3	0	1
시	3	31	19	15	2	6
군	46	30	5	1	0	0
자치구	1	35	20	6	2	5
총계	50(20%)	96(40%)	49(20%)	28(12%)	5(2%)	15(6%)

일본 총무성이 발표한 지방공공단체의 총 직원수 추이(1994-2021)를 보면, 공무원 수가 가장 많았던 1994년을 기점으로 인구감소에 따라 공무원 수도 점차 감소하였다. 특히 2006년 법령 도입 이후 5년간, 개혁계획으로 인해 공무원 수가 약 23만명 정도 감소한 것을 알 수 있다.

이와 같이 행정개혁이 단행되자, 줄어든 인력으로는 기존업무를 모두 진행하기 어려워서 1) 국가공무원이 해야 할 업무, 2)

[일본 지방공공단체의 총 직원수 추이(1994-2021)]

출처: 일본 총무성(2021.4.1.발표 자료)

* 행정개혁추진법의 '총 인건비 개혁(제42조=제57조)'은 국가공무원 및 행정기관 직원의 감축을 담고 있다.[15]

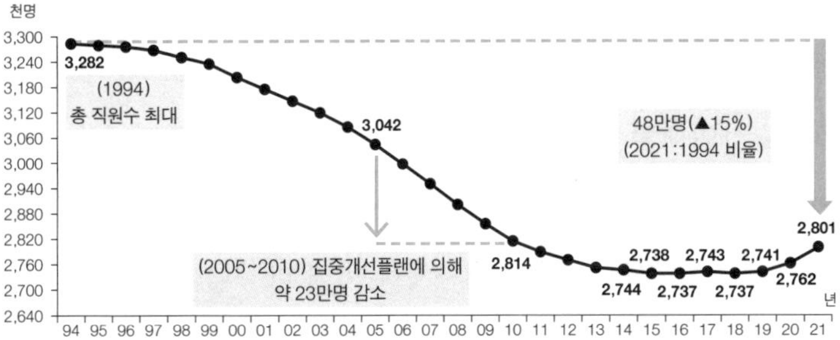

15 세계법제정보센터 법제동향 – 일본의 행정개혁추진법 입법동향(2007.01.22.), https://world.moleg.go.kr/web/dta/lgslTrendReadPage.do?1=1&searchPageRowCnt=10&A=A&AST_SEQ=159&searchType=all&CTS_SEQ=1557&pageIndex=undefined&ETC=3197

지방공무원이 해야 할 업무, 3) 민간에 위탁해야 할 업무, 4) 폐지해야 할 업무 등으로 나누어 국가공무원의 업무를 줄이는 사업분류 제도를 법률에 포함하기도 했다. 이러한 흐름은 민관협력이 성장하는 발판이 마련되는 계기가 되었다.

일본 고향납세는 앞서 기술한 고령화사회의 지방소멸 위기에 대응하기 위해 등장한 제도이다. 일본 총무성 자치세무국의 한 직원은 인터뷰에서[16] '지방자치단체는 고향납세로 수입이 늘고, 행정 서비스도 좋아졌다는 점은 확실한 효과'라고 전했다. 일본은 한국과 달리 기부금액 상한선이 없고, 세액공제 범위 또한 넓어 혜택이 크다. 소득 규모, 가족구성원 등에 따라 공제 상한선은 개인마다 다르지만, 자기부담금 2천엔을 제외한 나머지 금액은 전액 공제된다. 평균적으로 수입의 10% 정도가 공제되며, 공제되는 지방세(=주민세)와 국세(=소득세)의 비율은 9:1 정도다.

간사이대학 경제학부 하시모토 교수의 논문 '고향납세 제도의 현상과 과제(2016)'에 따르면, 재정력 지수가 0.5 전후로 낮은 시정촌이 그렇지 않은 지자체에 비해 다양한 답례품을 구비하는 등, 고향납세 활용에 더욱 적극적인 모습을 보인다고 한다.

16 관련 기사: 김아연, "지역 살리는 '고향세'‥원조 일본은 파격적 '세액공제' 제공", MBC, 2023년 2월 15일, https://imnews.imbc.com/replay/2023/nwdesk/article/6455699_36199.html

재정 마련에 절박한 지자체일수록 고향납세를 적극 활용하며 지역 활성화에 힘쓰고 있음을 알 수 있다.

참의원 결산위원회조사실 도미타 의원이 발표한 '고향납세에 의한 세원의 편재 시정 기능에 관한 자료(2017)'에 따르면, 실제로 도쿄를 비롯한 관동지역에서 다른 지방으로의 세제 이전 효과가 나타나고 있으며, 고향납세 수입액이 많은 기초지자체는 해당 재원을 활용한 지역 활성화 대책을 실시하는 등, 맨 처음 제도를 설계한 목적을 달성하고 있는 것으로 보인다고 설명했다.

일본 내 다수 고향납세 관련 연구에서 언급된 고향납세의 긍정적인 평가는 다음과 같다. 1) 도시부의 지방에 대한 관심을 높여 도시부와 지방 간의 재원, 인력, 상품 등 여러 재원의 이동과 순환을 촉진했다. 2) 답례품을 통해 지역의 매력을 전달하고, 지자체의 경제활성화와 지역 내 창업활성화로 일자리 창출 효과가 상승했다. 3) 재해 등 지역의 어려움에 공감하고 응원하는 기부문화가 확대되었다. 4) 지역과제를 위한 특정 프로그램에 기부(GCF)함으로써 지역문제를 해결하는 등, 제도 본래의 취지에 부합하는 방향으로 제도를 활용하고 있음을 보여준다.

일본 고향납세는 2021년 기준 8,302억엔을 돌파했다. 일본 고향납세 관련 최대 민간플랫폼인 사토후루(일본 대기업 소프트뱅크 자회사가 운영)가 2022년 시행한 고향납세 사용현황조사

[17]에 따르면, 응답자의 60% 이상이 회사원(정사원), 10%는 공무원, 7%는 자영업자, 6%는 일용직, 5%는 계약직, 4%는 주부 등으로 나타났다. 가족 구성은 부부 2인 가구 33%, 미혼 18%, 유자녀 가정 35%, 3세대 동거가족 5% 등으로 나타났다. 기부자 거주지는 도쿄가 가장 많았으며, 가나가와현, 오사카부, 아이치현, 사이타마현 순으로, 수도권이나 오사카 같은 대도시 거주자가 기부에 많이 참여함을 알 수 있다.

이 중 30% 이상은 10만엔 이상 기부했으며, 60%는 10만엔 이하를 기부한 것으로 나타났다. 또한, 70% 이상이 1개에서 5개 지자체에 기부한 것으로 나타났다. 또한 전년도에 비해 크라우드펀딩 방식의 고향납세 기부 참여율이 약 2%가량 증가했다. 인기 주제로는 아동육아지원과 지역·산업진흥이 각 30%, 교육·인재육성이 24%로 높은 인기를 보였다.

답례품 선택 이유로는 생산자와 답례품을 응원하고 싶다, 지역을 응원하고 싶다가 각각 50% 이상의 응답률을 보였고, 응답자 80% 이상이 언젠가 기부한 지역에 방문하고 싶다고 답했다. 또한, 80% 이상의 응답자가 고향납세 제도가 지역 활성화로 이어진다고 응답했다.

17 참고 사이트: https://www.satofull.jp/static/research/2022_customer_research.php

[일본 고향납세 운영통계]

출처: 일본 총무성 고향납세에 관한 현황조사 결과(2023.8.1. 기준)

연도	모금액	모금건수	연도	모금액	모금건수
2008년	81.4	5.4	2015년	1,652.9 (286.7)	726.0 (147.7)
2009년	77.0	5.6	2016년	2,844.1 (501.2)	1,271.1 (256.7)
2010년	102.2	8.0	2017년	3,653.2 (705.7)	1,730.2 (376.1)
2011년	121.6	10.1	2018년	5,127.1 (1,140.7)	2,322.4 (581.0)
2012년	104.1	12.2	2019년	4,875.4 (1,166.7)	2,333.6 (594.0)
2013년	145.6	42.7	2020년	6,724.9 (1,808.5)	3,488.8 (1,006.5)
2014년	388.5	191.3	2021년	8,302.4 (2,392.0)	4,777.3 (1,401.1)
			2022년	9,654.1 (2,961.4)	5,184.3 (1,738.7)

* ( ) 안의 값은 고향납세 원스톱 특례제도 이용실적

민간플랫폼 중심의 마케팅

일본 고향납세의 성장은 민간플랫폼이 견인했다고 해도 과언이 아니다. 일본은 한국과 달리 제도 관할부처인 총무성은 기부플랫폼을 운영하지 않는다. 앞서 언급한 것처럼 '행정이 할 일', '민간이 할 일', '중앙이 할 일', '지역공무원이 할 일'을 잘 구분하고 있다. 총무성의 소임은 제도가 부작용 없이 원래 취지대로 잘 활용될 수 있도록 관리 감독하는 일이다. 가이드라인이나 지침을 내리는 것 이외에는 지자체의 자유로운 활동을 보장한다. 지역을 살리는 제도를 중앙에서 통재하는 것은 취지에 맞지 않다고 보기 때문이다. 각 지자체도 다양한 민간 주체와 협력하면서 지자체 특성에 맞는 전략을 세워 실천하고 있다.

대표적인 민간플랫폼은 일본 최초 민간플랫폼 후루사토초이스(사회적기업 트러스트뱅크가 운영), 한국 쿠팡과 같은 대형 전자상거래 플랫폼 라쿠텐에서 운영하는 고향납세 사이트, 소프트뱅크 자회사가 운영하는 사토후루이다. 업계 관계자에 따르면 이들 플랫폼의 시장 점유율이 80%를 넘어서고 있으며, 나머지는 특화된 수요에 대응하는 방식으로 답례품 시장을 점유하고 있다고 한다. 예를 들어 여행형 답례품은 HIS나 ANA 같은 여행사나 항공사에서 보다 전문적인 상품을 제공한다. 최근에는 각 지자체의 애니메이션 관련 상품만을 전문으로 하는 고향납세 사이트가 등장하기도 했다.

이렇듯 날로 다양해지는 기부자의 니즈에 맞춰 답례품을 개발하는 일은 지자체 힘만으로는 어렵기 때문에, 다양한 민간 주체가 고향납세 시장에 참여해 제도 활성화에 기여하는 형태로 일본 고향납세는 계속해서 성장하고 있다. 그중에서도 후루사토초이스는 일본에서 처음 플랫폼을 오픈한 2013년 이후 지금까지 10년간 참여 지자체 수, 게재 답례품 수 1위를 유지하며 저력을 보이고 있다. 답례품 중심으로 운영되는 다른 대기업, 언론사의 민간플랫폼과 달리, 후루사토초이스는 제도 본연의 취지에 맞도록 지자체와 긴밀하게 연계해 다양한 사업을 시행하고 있다.

현재 가장 오래된 민간플랫폼인 '후루사토초이스'에 게재된 답례품 수는 50만 건이다(2023년 6월 기준). 이렇게 많은 답례품 중 무엇을 선택해야 할지 기부자에게 도움을 주기 위해 생겨난 것이 바로 환원율 비교 사이트이다. 환원율이란 기부한 금액 대비 얼마나 돌아오는지(=환원), 즉 얼마나 득이 되는지를 보여주는 비율이다. 이 환원율을 기준으로 현재의 답례품을 살펴보면 환원율 100% 이상의 답례품도 찾아볼 수 있다. 법령에서는 30% 이내로 정하고 있는데 어떻게 이런 계산이 나올 수 있을까?

[일본의 대표적 고향납세 플랫폼]

라쿠텐 후루사토납세(고향납세)

- 총매출 순위 1위
- 쇼핑몰 특성을 살려 답례품 홍보 (라쿠텐 회원 혜택, 포인트 환원 등)

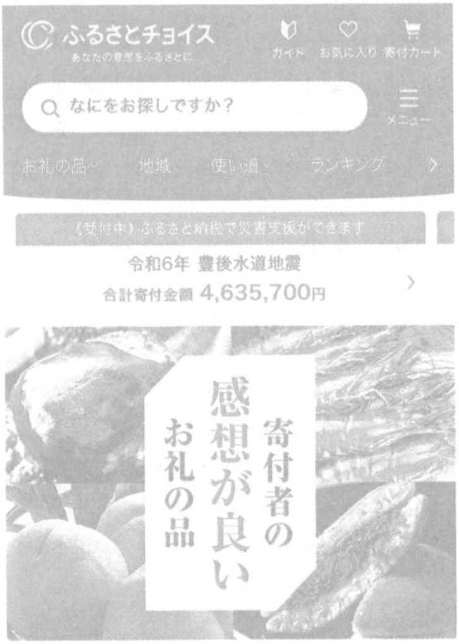

후루사토초이스

- 현재 등록된 지자체 수 최다, 이용자 수 최다
- 답례품, 크라우드펀딩형 둘 다 가장 잘 운영
- 지자체 홍보지원, 성공사례 발굴에 적극적

[일본 고향납세 민간플랫폼 상위 15개(참여 지자체 수 기준)[18]

No.	사이트명	운영주체	참여 지자체 수	게재 답례품 수	특징
1	후루사토초이스	트러스트뱅크	1,640	501,382	참여 지자체 및 답례품 등록 건수 최다 플랫폼
2	라쿠텐 후루사토납세	라쿠텐	1,544	454,610	라쿠텐카드 사용자는 3~30% 포인트 환원 등 라쿠텐 회원 혜택 다수 제공
3	AU PAY	KDDI(AU 통신사)	1,529	474,830	Ponta 포인트(통신사) 적립
4	사토후루	소프트뱅크 계열사	1,211	322,078	특별 대용량 답례품 다수, 빠른 답례품 배송, 반품지원 등
5	후루나비	광고홍보플랫폼 I-mobile	1,098	396,359	맛집정보 사이트 '구루나비' 연계, 식당에서 사용 가능한 포인트 적립
6	ANA 후루사토납세	ANA(전일본공수)	752	251,445	ANA항공마일리지 적립 혜택
7	JRE MALL	JRE(동일본철도)	321	83,764	JRE 포인트 적립 혜택
8	JAL 후루사토납세	JAL(일본항공)	303	98,204	JAL항공마일리지 적립 혜택
9	미츠코시 이세탄	이세탄백화점	258	14,396	다른 사이트에 없는 한정품 답례품 전시
10	후루사토 프리미엄	AI데이터, 통신판매 전문회사(UNI Media)	230	74,042	6% 상당 아마존 상품권 제공
11	후루포	JTB (여행사)	204	93,825	여행사 포인트 적립 혜택
12	후루사토혼포 (본점)	마케팅, AD플랫폼을 운영하는 Carta홀딩즈 자회사	175	39,465	1.5만엔 이상 기부시 기부금액의 최대 7%에 달하는 아마존 상품권 제공 (2022 캠페인)
13	후루사토 팔레트	도큐주식회사 (부동산, 교통, 호텔리조트 사업자)	128	47,878	숙박, 체험권 중심으로 한정판 답례품 전시 * 한정판 답례품 게재시 게재 수수료 무료
14	후루라보	방송사	117	43,523	동영상 위주의 프로모션
15	마이나비	마이나비코퍼레이션 (언론기능이 있는 구인 채용정보 사이트)	102	52,396	최초 회원가입 후 기부시 기부금액의 10%에 달하는 아마존 상품권 제공 (2023 여름 캠페인)

18 후루사토납세가이드(https://furu-sato.com/recommend_site)에 소개된 20여 개 사이트 중에서 15개를 참여 지자체 수에 따라 내림차순으로 정렬.

그 비결은 바로 매입가에 있다. 법령에서 정하는 30%는 시장가격에 상관없이 지자체가 해당 답례품을 매입한 금액이 전체 기부금액의 30% 이하면 되지만, 실제 그 상품의 가치는 시장가격으로는 더 높을 수 있기 때문에 이런 차이가 발생하게 된다.

대표적인 환원율 사이트는 '후루사토납세가이드'이다. 대부분의 사이트처럼 환원율 비교뿐만 아니라 지자체의 다양한 소식을 비롯해 고향납세와 관련한 내용은 무엇이든 비교 분석한다. 기부자뿐만 아니라 지자체 공무원, 관련 사업자들도 관심 있게 지켜보는 사이트의 하나다.

답례품 시장의 특성

일본 고향납세 최대 민간플랫폼인 사토후루가 2022년 시행한 고향납세 사용현황조사에 따르면, 90% 이상이 답례품으로 식품이나 음료를 선택했다. 세부품목으로는 고기와 해산물, 과일이 약 20%씩으로 큰 비중을 차지했고, 쌀 10%, 주류 5%, 디저트류 3.5% 순으로 나타났다. 일본 마케팅회사 칼리그스(Caligs Co., Ltd.)가 2023년 3월에 실시한 고향납세 인기 답례품 설문조사 결과도 크게 다르지 않다. 해산물이 가장 인기가 많았고 고기, 쌀, 과일 등이 그 뒤를 이었다.[19]

한편, 2020년부터 코로나의 영향으로 인기품목에 일용품, 잡화 등이 포함되기 시작했고, 경제난이 심화되면서 지금까지도 이런 추세가 이어지고 있다. 사가현 아리타시는 과거 임진왜란 때 일본으로 건너간 조선 도공 '이삼평'이 처음 백자를 만들기 시작한 곳으로, 400여 년 역사를 지닌 전통공예의 발상지로 유명하다. 자연히 사가현에는 아리타 도자기를 고액 답례품으로 내걸고 있는 곳이 많다. 그중에서도 NPO 피스윈즈재팬(Peace

19 참고 사이트: https://prtimes.jp/main/html/rd/p/000000017.000050602.html

Winds Japan)의 '피스크래프트 사가(Peace Craft Saga)' 프로젝트는 특별하다. 사가현 내 다른 지자체들이 단순히 답례품으로 백자를 내세울 때 피스윈즈재팬은 전통 도자공예 사업의 부흥과 보전을 위한 프로젝트를 메인에 내세우며, 답례품으로 백자를 고르면 자연스레 프로젝트를 응원하게 되는 방식으로 설계했다.

이 프로젝트에 기부한 어느 기부자는 "백자를 단순한 답례품이나 상품으로만 본다면 더 아름다운 도자기를 주는 지자체에 기부할 수도 있어요. 하지만 이 프로젝트는 백자의 가치와 역사를 알리기 위해 노력하기 때문에 응원하고 싶어요. 그게 제가 이 프로젝트를 선택한 이유입니다"라고 밝혔다.

장기말 일본 점유율 90%로 생산량 최대 규모를 자랑했던 야마가타현 텐도시는 장기를 즐기는 사람이 줄어들면서 1980년 이후 십여 년 전까지 매출액이 1억엔 이하까지 떨어지며 침체에 빠졌다. 그러나 2015년 고향납세를 활용해 매출액을 약 3억엔까지 끌어올리는 데 성공했다. 2014년부터 과일, 쌀 등을 주요 답례품으로 제공했는데, 다른 지역과의 차별화를 위해 1만엔 이상 기부자에게 미니 장기말 스트랩을 사은품으로 제공하기 시작했다. 스트랩이 인기를 끌면서 장기말을 답례품으로 받고 싶다는 기부자의 목소리가 커지자 고향납세 목적사업으로 '장기산업 부흥'

을 추가해 장기말을 활용한 다양한 답례품을 만들기 시작했다.

최근 2~3년 사이 장기를 소재로 한 인기 만화《3월의 사자》가 애니메이션으로 제작되고, 장기 기사 후지이 소타 7단의 활약으로 전국에 장기 붐이 일어나면서 이 지역에 답례품 신청이 급속히 증가했다.

또한 GCF 방식으로 야마가타현 출신 디자이너 오쿠야마 기요유키와 제휴해 특별한 장기말을 제작하는 프로젝트를 시행하기도 했다. 오쿠야마는 이탈리아인을 제외하고 처음으로 페라리 디자인에 참여한 세계적인 산업디자이너로, 제너럴 모터스와 포르셰를 거쳐 철도, 선박, 항공기, 가구 등 다수의 프로덕트 디자인을 했다. 이와 같은 오쿠야마의 유명세에 힘입어 2016년에는 목표한 천만엔이 훌쩍 넘는 기부금이 모였고, 이 기부금은 장기말 공예자 후계자 육성 등에 사용되었다. 2018년부터 오쿠야마가 디자인한 장기말이 답례품으로 제공되었다.

[덴도시가 디자이너 오쿠야마와 선보인 고급 장기말 답례품]

지역 개요	일본 점유율 90%를 차지하는 일본 최대 장기말 생산지
지역문제	장기를 즐기는 인구가 줄면서 판매율 지속 감소
타개 방안	고향납세 답례품으로 장기말을 제공하면서 매출 회복
프로젝트	지역 출신 유명디자이너와 협업해 특별 장기말 제작 모금액은 장기말 공예 후계자 육성에 활용
모금액	약 1,000만엔(약 1억원)
모금포인트	세계 유명디자이너와 콜라보 시도 (흥미 유발) 장기를 소재로 한 인기 애니메이션, 인기 영화
답례품	특별 제작 장기말, 장기말 스트랩 등 다양한 상품

도쿄 스미다구

일본 도쿄 스미다구는 인구가 약 270만 명이며, 도쿄 23개 구 중 하나다. 모금순위 5위(2023년 6월 후루사토초이스 기준) 안에 들 정도로 모금에 성공한 지자체이지만, 고향납세 제도로 세금 수입이 지방으로 유출되는 문제가 있었다. 실제로 중앙정부는 세수가 유출된 지자체에 보전 성격의 보조금을 지급하고 있다. 또한, 지역특산물을 답례품으로 제공하는 지방 도시보다 모금에 불리하다는 어려움도 있었다. 이런 상황에서 스미다구는 지자체에서 할 수 있는 일을 찾아서 고향납세 모금의 성공사례를 만들어냈다. 꾸준히 많은 기부금이 모이는데, 후루사토초이스에 따르면 2015년 1억 7천만엔(약 17억원) 대에서 2020년 7억엔(약 70억원) 대로 5년간 4배 이상 증가하였다.

스미다구의 고향납세는 사용처에 따라 '스미다의 힘', '스미다의 꿈', '호쿠사이 고향납세' 등 세 가지로 나뉘는데, 메인은 미술관과 연계한 호쿠사이 고향납세이다. 호쿠사이 고향납세 기부금은 스미다 출신의 화가 가쓰시카 호쿠사이(葛飾北齋, 1760~1849)를 기념하기 위해 지어진 스미다 호쿠사이 미술관

[스미다구 고향납세 모금 프로젝트 개요]

분류	스미다의 힘	스미다의 꿈	호쿠사이 고향납세
사업종류	교육, 보육 관련	주민복지사업 (공동체, 음악)	스미다 호쿠사이 미술관 연계
기준기간	2012~2019	2017~2019	2014~2019
프로젝트 수	48개 사업	12개 사업	단일사업(기획전시 등 세부 테마는 변경 있음)
기부건수	992건	962건	19,101건
기부누계	18,127,522엔	96,939,132엔	1,399,167,254엔

의 관리·운영과 자료 수집 등에 사용한다. 답례품으로는 스미다구 지역특산품인 유리 공예품을 제공한다. 또는 작품 전시 때 기부자 이름을 게시하거나 무료입장 혜택을 선택할 수도 있는데, 호쿠사이 팬이라면 놓칠 수 없는 특전이다.[20]

20 참조 사이트: 시사저널(http://www.sisajournal.com)

호쿠사이 고향납세

항목	내용
모금함 제목	[제21탄] 호쿠사이 사망 170주년 기념 '호쿠사이 시각 마술 오부세 호쿠사이칸 명품전'을 지원하자!
모금기간	2019년 11월 8일~2020년 1월 19일(73일간)
모금액 / 달성률	158,039,000엔 / 158% / 기부자 2,155명
모금 주체 (지자체+미술관)	스미다구 호쿠사이 기금, 스미다구 문화관광 기금으로 모금액 전달. 미술관 관리, 운영, 자료수집, 문화예술 프로젝트 등 호쿠사이 예술을 활용해 스미다구를 홍보하는 일에 사용
모금내용	- 프로젝트 소개 / 170주년 기념 특별 전시회 소개 - 기부금 사용처 / 프로젝트 소개 - 미술관 소개 / 호쿠사이 예술가 소개
답례품	스미다구 내 고층타워전망대 '스카이트리' 식사권과 결합판매 예술 공예품, 전시티켓 등 제공
프로젝트 보고	후루사토초이스 대신 SNS에서 관련내용 보고
비고	이번이 21번째 모금. 기획전 관련 유사모금을 계속해서 진행 중

스미다의 꿈(주민복지형 오케스트라 콘서트 무료공연 사업)

항목	내용
모금함 제목	신일본 필 음악의 힘으로 사람과 거리를 건강하게 2020
모금기간	2020년 7월 31일~2020년 12월 31일(154일간)
모금액 / 달성률	39,485,000엔 / 112.8% / 기부자 368명
모금 주체 (지자체+ 재단법인)	공익 재단법인 신일본 필하모니 교향악단(신일본 필)은 1972년에 설립되어 스미다구를 거점으로 연주활동이나 교육, 사회공헌활동을 진행
모금내용	- 사업소개: 평소 음악을 접할 기회가 적은 사람에게 폭넓게 음악을 전달하기 위한 사업 - 이제까지의 활동 소개 - 코로나로 인해 연주를 못하게 된 상황 전달 - 이번 프로젝트 소개 - 기부금의 사용처 소개 - 스미다구 브랜드를 세계에 전달하기 위한 노력 - 답례품 소개
답례품	2018~2020년도 오케스트라 연주 CD+안내책자 콘서트예매권(기프트권-매수에 따라 기부금액 1만엔~30만엔 (https://www.furusato-tax.jp/gcf/954) 주의사항으로 답례품이 있는 모금이나, 법률상 2017년부터 스미다구 거주자는 답례품을 받을 수 없음을 명기하고 있음 (그러나 일본은 한국과 달리 본인이 거주하는 지자체에 기부해도 공제를 받을 수 있음)
프로젝트 보고	없음
비고	2021년 상반기 비슷한 주제로 다른 크라우드펀딩 사이트에서 펀딩을 진행해(고향납세 아님) 8,092,000엔 모금. 기부자 376명 (https://readyfor.jp/projects/newjapanphil) 여기에서는 기부금 사용내역 등을 착실히 보고 (2021.03~2022.05까지 총 15건 게재, 월 1개 단위)

시마네현 운난시

시마네현 운난시는 인구 3만 8천여 명의 소도시이다. 고령화 문제에 대응하기 위해 아동 돌봄, 고령자 복지, 정주자 지원 대책 등에 힘을 쏟고 있다. 특히 '찾아가는 커뮤니티 간호사 프로젝트'를 고향납세와 연결하여 성공적인 복지 서비스를 제공한다. 간호사가 보건소, 병원이 아닌 커뮤니티센터, 목욕탕, 슈퍼마켓, 주유소 등으로 찾아가는 검진과 돌봄 서비스를 제공하는 것이 주내용으로, 필요한 비용은 고향납세 기부금을 활용한다. 단

[시마네현 운난시 모금 프로젝트 개요]

지역 개요	인구 3.8만명
지역 특징	고령화 문제 대응을 위한 돌봄 과제에 집중
모금 주체	운난시, 주식회사 커뮤니티 간호사 서비스
프로젝트	찾아가는 커뮤니티 간호사 프로젝트
활동내용	병원 밖(목욕탕, 슈퍼마켓, 주유소 등) '찾아가는 검진, 돌봄 서비스' 제공 검진+상담+운동프로그램+악기연구 등 총괄적 노인 돌봄 서비스 구축
모금액	약 1,000만엔(약 1억원)
모금기간	2018년(약 3개월)
모금포인트	운난시 거주자, 이주 희망 고령층, 커뮤니티 간호사 희망자
답례품	커뮤니티 간호사 연수 참가권, 지역특산물, 지역 관광상품

순검진뿐만 아니라 지역 주민센터, 사회복지법인, NPO법인 등과 연계한 종합상담과 운동프로그램 및 악기연주 등의 활동을 제공하며, 지역 전체에 노인 돌봄 시스템을 갖추는 것을 목표로 한다.[21]

2018년 운난시는 전국의 커뮤니티 간호사 서비스 제공업체와 협력해 기부자 149명으로부터 3개월 동안 약 1천만엔을 모금했다. 운난시 거주자를 비롯해 운난시로 이주를 고려 중인 고령층과 커뮤니티 간호사를 대상으로 홍보했으며, 답례품으로는 커뮤니티 간호사 연수 참가권, 지역특산물, 지역관광(연수) 프로그램을 제공했다.

야마가타현 사가에시

야마가타현 사가에시는 일본 제일의 체리 산지로 유명한 마을이다. 인구는 약 4만명이며, 2018년 고향납세 총액 18위(약 35억엔 모금)에 올랐다. 체리 이외에도 토양이 비옥하고 기상 조건이 좋아 쌀 생산지로도 유명하다.

2017년 기준 사가에시 아동 수는 5천여 명이었는데, 시내에는 소아과 클리닉이 단 한 곳밖에 없어 보육환경이 좋지 않았다. 이 문제를 해결하기 위해 GCF 모금 방식으로 소아과 클리닉과 보육시설 건립 프로젝트를 진행했다.[22] 2017년에 사가에시가 단

독으로 모금을 진행해 3개월 동안 기부자 861명으로부터 약 1천 4백만엔을 모금했다. 아이가 있는 부모를 대상으로 '안심하고 육아할 수 있는 마을 만들기'를 집중적으로 호소한 것이 좋은 반응을 이끌어냈다.

답례품으로는 체리를 주력상품으로 식품류부터 공산품까지 지자체에서 생산하는 거의 모든 물품을 다양하게 제공했다. 여기에 우체국에서 제공하는 노인방문케어(미마모리) 서비스를 포함했다.

[야마가타현 사가에시 모금 프로젝트 개요]

분류	내용
프로젝트	소아과 클리닉 및 보육시설 건립 프로젝트
모금 주체	사가에시
모금액·모금기간	2017년 3개월간 모금, 총 기부자 861명, 약 1천 4백만엔 모금 달성
모금포인트	아이를 가진 부모를 타깃으로 한 '안심하고 육아할 수 있는 마을 만들기'
답례품	체리 등 과일, 디저트류, 두부, 반찬, 지역술, 소바 등 다양한 식품류, 목제장난감 등 공산품, 우체국 제공 노인방문케어(미마모리) 등을 포함

21 참고 사이트: https://www.furusato-tax.jp/gcf/282

22 참고 사이트: https://www.furusato-tax.jp/gcf/258

최근에 지역에서 잠시 생활할 수 있는 체험 관광형 고향납세 답례품이 점차 늘어나는 추세이다. 2023년 일본관광청이 발표한 '관광교류인구 증대의 경제효과'에 따르면 지역의 정주인구 1인 감소에 따른 경제적 손실은 130만엔(1,300만원)이며, 이를 보충

[관광교류인구 증대의 경제효과]

출처: 방일라보(https://honichi.com/news/2021/04/27/inboundsummary/)

* 방일라보가 2021년 일본 관광청 발표데이터를 가공·게시한 자료에 2023년 일본 관광청 발표데이터를 반영

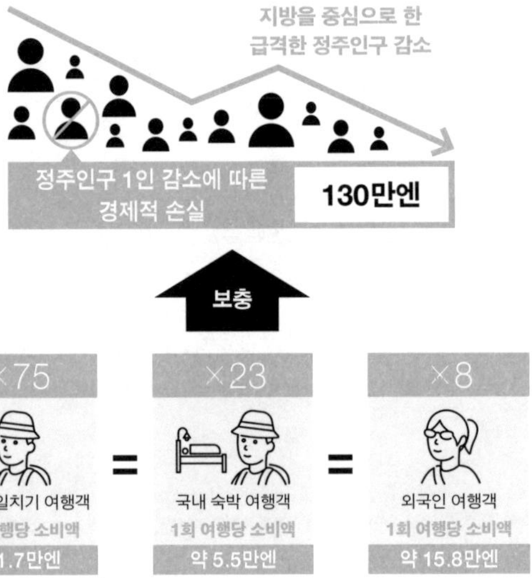

하기 위해서는 국내 당일치기 여행객 75명 또는 국내 1박 이상 숙박여행객 23명, 또는 외국인 여행객 8명이 필요하다고 한다.

이 자료에서 알 수 있듯 관계인구에는 당일 체험형보다는 체류형이 중요하며, 지역 내 자원을 전략적으로 연결하는 아이디어가 필요하다. 이 때문에 일본에서는 인근 지자체가 연계하여 관광답례품을 만드는 전략을 실행하고 있다. 2015년부터 미에현 이세시를 비롯한 13개 시정촌은 서로 연계하여 '고향납세 통째로 알리기 사업'을 실시하는 등, 고향납세 기부금 증대 및 지역관광 활성화를 도모하고 있다.[23]

이러한 협력의 하나인 버스투어는 마을에 애정을 가진 '관계인구' 확대와, 장기적으로는 이주민 증가를 목적으로 기획하였다. 투어 참가대상은 미에현 13개 시정촌 기부자이며, 투어 참가권이 아닌 투어 참가자 추첨 응모 기회를 답례품으로 제공한다. 따라서 당첨자는 참가비 1만엔을 추가로 내야 투어에 참가할 수 있다. 추가비용 부담이 있지만, 2017년 처음 운행을 시작한 도키슈 버스투어는 큰 호평을 받았다. 지역에서만 맛볼 수 있는 기호쿠초 시라이시 호수의 굴 양식장 방문 체험이 입소문을 타

23 참고 사이트: https://www.furusato-tax.jp/feature/a/katsuryoku_column-vol18

서 2018년 3월부터는 추첨 인원을 총 52명으로 늘리고 2개 코스로 나누어 투어를 실시하고 있다. 첫 번째 '히가시키슈 코스'에서는 기호초에서 전통적인 삼반호(목조선) 타기 체험, 구마노시의 세계유산 '꽃의 굴 이와야' 견학 등을 실시했다. 그리고 두 번째 '이세시마 코스'에서는 도회 마을 임업 견학이나 토바시 투어 등을 실시했다.

한편, 사이타마현 11개 시정촌에서는 광역관광코스를 공동으로 개발했다. 2018년 3월에 처음 논의를 시작했는데, 첫 검토 회의에 39개 시정촌 참가를 시작으로 현재 47개 시정촌이 함께 논의를 진행한다. 2018년 11월 처음 발표한 광역관광 답례품은 총 11개 시정촌을 둘러보는 3개 코스로 구성되었다.[24]

첫 번째는 미나노마치를 비롯해 오가노초와 지치부시가 참여한 '천공의 카페 & 샤인머스캣으로 시골을 만끽' 코스로, 해당 시정촌에 5만엔 이상 기부하면 참가자격이 주어진다. 미나노초에 있는 '천공의 카페'에서 경치를 즐기며 바비큐를 맛볼 수 있는 이용권, 오가노초의 게스트하우스 1일 숙박권(조식 포함), 지치부시의 과일농장에서 샤인머스캣을 비롯해 과일을 마음껏 맛볼

24 사이타마현 소개 페이지: https://www.pref.saitama.lg.jp/a0106/furusatonozei/top.html

수 있는 뷔페 이용권으로 구성되어 있다. 기부자가 원하는 때에 자유롭게 이용할 수 있는 점이 특징이다.

두 번째 코스는 후카야시와 교다시가 협력한 '가을의 건강 콜라보레이션'으로, 해당 지자체에 1만 5천엔 이상 기부자에게 제공되는 답례품이다. 후카야시의 1,200년 역사를 자랑하는 절에서 명상요가 체험(건강밥상 포함), 교다시 내 밭에서 무농약 고구마 수확 체험으로 이루어져 있다.

세 번째 코스는 오가와마치와 가와시마초가 제휴한 '밭에서 창고로 간장여행'으로, 총 1만엔 이상 기부자가 참가할 수 있다. 오가와마치 요코타 농장에서 간장을 만드는 일본 재래종 대두(콩) 수확 체험권과, 가와시마에서 1789년부터 운영 중인 역사 깊은 후에키 간장 주식회사 창고 견학 체험권으로 구성되어 있다.

여러 지자체가 연계한 프로그램은 먼저 원하는 체험을 진행하는 지자체 한 곳에서 기부를 받고, 해당 지자체가 세금공제 등의 행정업무를 처리한다. 그 후 연계한 지자체에 실제 체험에 소요되는 실비를 지불하는 형태로 각각 업무를 분담하는 협력체계를 갖추고 있다.

2장

전략편

고향사랑기부금의 기대효과

고향사랑기부제(고향세)는 앞서 강조한 대로 저출산과 고령화로 줄어드는 인구에 대응할 가장 가까운 대안이다. 현재 다양한 정책을 시도하고 있지만 효과는 크지 않으며, 논의 중인 여러 방안 역시 시행까지 가기에는 험난한 길이 예상된다. 지역이 기다리고만 있기에는 시간을 다투는 과제가 너무도 많다. 지역은 당장 자생할 수 있는 방법론이 절실하다. 다행히 고향세가 2023년 본격 시행되었다.

재정자립도가 갈수록 악화되면서 지역은 곧 사라질 위기에 놓여 있다. 고향세는 아사 위기에 처한 지역의 새로운 탈출구가 될 것이다. 각 지방자치단체는 적극적인 모금활동으로 부족한 세수를 확보해 재정건전성을 높일 수 있고, 주민 복리 향상에 필요한 재원도 마련할 수 있다. 더 나아가 지역과 관계 맺는 인구가 확대되어 지역은 새로운 활기를 띨 것이다.

무엇보다 고향세의 활용 가치는 지역문제를 해결하는 데 있다. 재난·재해시 구호자금을 긴급히 마련해 지원 사각지대에 있는 지역과 사람을 도울 수 있으며, 피해 복구를 위한 자금을 확보해 피해 지역민의 빠른 일상 회복을 도울 수 있다. 이뿐 아니라 취약한 인프라 문제를 개선할 수 있는 방법론으로도 활용할 수 있기에 고향세가 지닌 가치가 크다고 할 수 있다.

[고향사랑기부제 도입 배경]

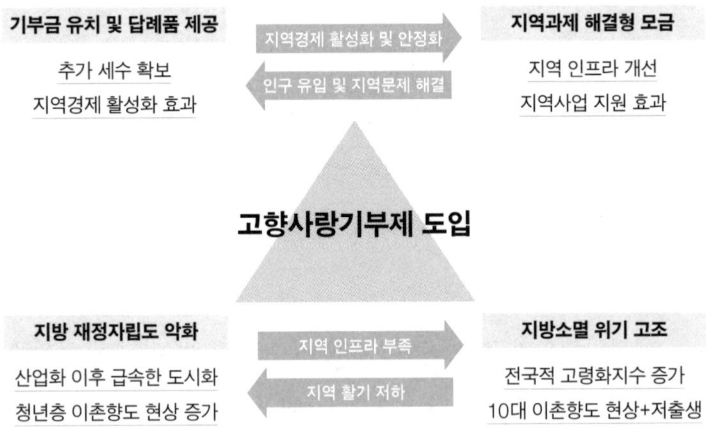

고향세는 일본 '고향납세' 제도를 모델로 삼은 정책이다. 고향납세는 2006년 일본 후쿠이현 지사가 처음 발안해 2008년 제도화되었고, 이후 전국으로 확산했다. 한국과 마찬가지로 일본 역시 저출생·고령화라는 사회문제를 해결하기 위해 고향납세를 시작했다는 공통점이 있다. 현재 일본은 고향납세로 연간 8천억 엔 정도를 모금한다. 이렇게 모은 기부금은 지역 활성화와 지역 숙원사업, 복지기금 등에 사용되면서 인구소멸로 침체해가는 일본 각 지역에 새로운 활력을 불어넣고 있다. 그렇다면 국내에서 고향세의 성공적 안착을 위해 무엇을 어떻게 해야 할까? 고향세를 활용해 지역 활성화를 이루기 위해서는 먼저 제도에 대한 전략적 이해가 선행되어야 한다. 무엇보다 고향세를 어떻게 지역 활성화에 활용할 수 있는지를 살펴야 한다.

고향사랑기부금의 기대효과는 첫째, 관계인구(생활인구) 확대이다. 정주인구가 지속적으로 줄어드는 상황에서는 지역 활성화를 위해 타지역민의 주기적인 방문과 교류가 필요하기 때문이다. 둘째, 방문객에게 지정기부와 답례품을 활용해 기부를 유도하고 추가 세수를 확보할 수 있다. 이렇게 모인 기부금은 지역 인프라 보강 등 필요한 지역 사업에 투입하거나, 소상공인과 지역 소외계층 지원에 활용하여 중장기적으로 지역경제 생태계를 튼튼하게 만들어야 한다. 또한 답례품은 지역 내 사회적기업의

[고향사랑기부금의 기대효과]

지역의 관계인구를 확대하고 필요한 세수를 확보해 지역경제 부흥에 기여

관계인구 관리

- 국민에게 고향의 의미와 중요성을 인식할 수 있도록 함
- 재정이 취약한 농산어촌을 돕고자 하는 포용적 성장 의지를 일깨우는 의미
- 기부자와 지자체를 직접 연결하여 지방행정에 대한 기부자의 관심과 참여의식 제고
- 기부자와 지자체 사이에 신뢰를 형성하는 자치의식의 진화를 촉발
- 답례품 발송을 위한 개인정보 확보 및 누적을 통해 체계적 관리 가능
- 상품정보, 지역행사/동향 등을 뉴스레터로 발송하여 연대와 관심을 지속적으로 유도

세수확보 효과

- 지방재정 확충(지방세수 증대)
- 재정격차(재정불균형) 완화 도모

지역경제 파급효과

- 지역특산물을 답례품으로 제공
- 지역경제 활성화 촉매제 역할 가능

기부금				지역경제 파급효과 추정				
기부자 수	금액		총액	금액	품목	비율	생산유발 계수	금액
1만명	10만원	77%	7.7억원	8.61억원	농림축수산물	56.5%	1.84	8.95억원
	30만원	10%	3.0억원		쌀	9.8%	1.84	1.55억원
	50만원	6%	3.0억원		전통공예품	5.2%	1.86	0.83억원
	100만원	5%	5.0억원		공공시설 이용권	17.5%	2.18	3.28억원
	500만원	2%	10.0억원		감사장	6.2%	1.77	0.94억원
합계			28.7억원		합계			15.55억원

※ 생산유발계수 단순 산출로 경제적 파급효과가 대폭 상승할 것으로 전망

[지역의 고향사랑기부금 전략을 통해 필요한 활성화 지원 기반 마련]

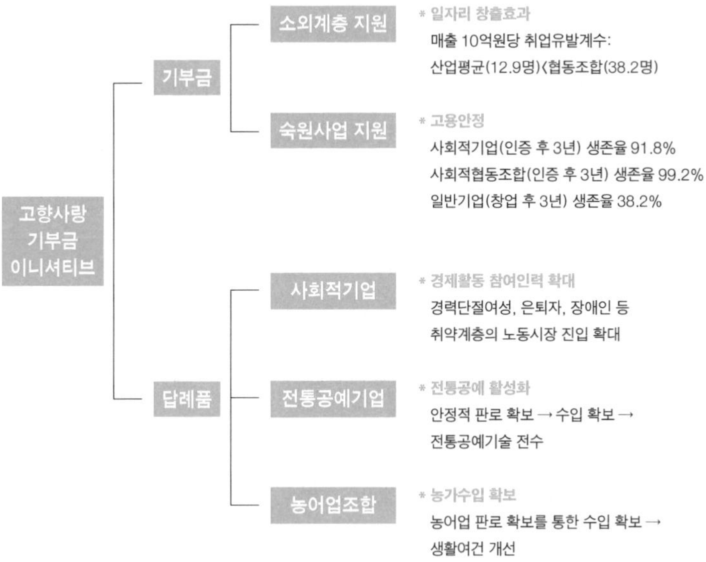

활동을 증진하며, 전통공예기업·농어업조합·소상공인에게 새로운 판로가 될 수 있다. 즉 고향세를 통해 지역 발전의 기회가 새롭게 열리는 것이다.

고향사랑 기부금에 관한 법률(약칭 고향사랑기부금법) 제11조제2항에는 반드시 사회적·공공적 목적을 추구하도록 되어 있다. 크게 네 가지 방향이 있다. 1) 사회적 취약계층의 지원 및 청소년의 육성·보호, 2) 지역 주민의 문화·예술·보건 등의 증진, 3) 시민참여, 자원봉사 등 지역공동체 활성화 지원, 4) 그 밖에 주민의 복리 증진에 필요한 사업의 추진 등이다. 이 내용을 살펴보면 반드시 특별한 방식의 새로운 사업이 필요하지는 않다. 이미 지역은 나름의 방법론을 토대로 하여 여러 가지 사업을 진행하고 있으므로, 시행 중인 사업에 고향세를 자연스럽게 접목하는 지혜가 필요하다. 다시 말해 고향세로 들어오는 추가 세수로 사업을 더욱 탄탄하게 운영할 수 있다는 의미다.

특히 기금의 방향성은 사회적 경제 확장과 사회적 일자리 확대에 활용 가치가 크다. 고향사랑기부금법 자체가 이를 명시하고 있기 때문이다. 그 내용을 살펴보면, 취약계층은 물론 청소년 보호와 관련된 돌봄기반 사업을 강화할 수 있다. 예술 보건 증진 등의 항목으로 문화 기반 관광자원을 비롯해 미술관이나 문학관 등 지역을 상징하는 명소를 확장할 수 있고, 취약한 문화예술 기반 단체나 사회적기업 등을 지원할 수 있다. 지역공동체 활성화 항목으로는 주민참여형 공공 디자인 사업이나 생활인프라 개선 사업을 진행할 수 있고, 마을공동체 자치사업을 지원할 수 있다. 또한 주민 복리 증진을 위한 활동 역시 포함되어 있다. 따라서 주민자치나 사회적 협동조합 등 지역을 건강하게 할 수 있는 다양한 조직의 육성·강화에 필요한 자원을 확보할 수 있다.

[법에서 정한 지역 정책 시사점]

고향사랑기부금법 제11조제2항

방 향	사회적·공공적 목적을 추구
과 제	사회적 취약계층 지원 및 청소년 육성 보호 지역주민의 문화예술 보건 등의 증진 시민참여, 자원봉사 등 지역공동체 활성화 지원 그 밖에 주민의 복리 증진에 필요한 사업 추진

"사회적 경제 활성화 및 공공 목적성 사업 기대"

기금의 방향성		사회적 일자리와 연결
취약계층, 청소년	>>>	돌봄기반 사회적 경제 활성화 사업
예술 보건 증진	>>>	지역기반 공공문화사업
지역공동체 활성화	>>>	주민참여 지원사업 전반
주민 복리 증진	>>>	주민 자치, 사회적협동조합 육성
• 공익적 목적을 가진 여러 사업에 고향세 기금을 활용		• 공공 지역발전을 위한 다양한 프로젝트에 기금 지원 • 참여 사회적기업 지원

공신력을 높이는 지정기부를 설계하라

그렇다면 지역에서 고향사랑기부제(고향세)가 성공하기 위해 어떤 전략이 필요할까? 여기서 가장 중요하게 생각해야 하는 것은 고향세 역시 '기부'라는 사실이다. 기부란 기부자와 일종의 약속을 하는 것이다. 어떤 사업에 어떻게 쓰일지를 알리고 설득하는 일이 핵심이다. 기부 전략 커뮤니케이션이 가장 중요한 전략 방향이다. 이는 지자체에게 무척 생소한 영역일 수 있다. 배정된 예산으로 사업을 진행하는 것과 모금으로 예산을 확보하는 것은 전혀 다른 접근 전략이 필요하기 때문이다. 따라서 고향세 시행 초기에는 특히 모금 전문가와의 협업이 중요하다.

모금사업 실무경험이 있는 지역 내 복지재단이나 NGO 등과 협업툴을 만들어 공동모금을 진행해도 좋다. 아니면 지정기부단체를 정해 위탁 위임하는 전략을 고민해보아야 한다. 지자체의 전문성과 역량이 부족한 상태에서 기부금 모금은 쉽지 않기 때문이다. 시행 초기에는 특별한 기부 프로그램이 없어도 애향심을 지닌 출향민들이 활발하게 모금에 참여할 것이다. 하지만 시간이 지나고 해가 갈수록 출향민도 줄어들 수밖에 없다. 급격한 인구절벽 현상으로 지역에서 나고 자라는 인구가 감소하고 있기 때문이다. 결과적으로 출향민의 관심사를 넘어서는 홍보가 필요하다. 특정 지역에 아무런 연고가 없는 이들에게 기부금을 모금하려면 그들이 관심을 가질 만한 사회적 주제(보건·복지·환경·안전·청소년·어린이·노인·동물 등)를 내세워 기부를 유도할 수밖에 없기 때문이다. 따라서 모금 전략 안에 반드시 지역 전략이 포함되어야 한다. 지역의 문제점과 현실을 냉정하게 분석해 이를 보완할 수 있는 실효적인 모금 사용계획이 있어야 한다. 현재 지역이 직면한 인구감소와 지역소멸 문제에 대응할 수 있는 전략이 가장 시급하다. 따라서 취약층을 위한 기부 프로그램을 우선적으로 설계해야 한다.

일본 역시 마찬가지다. 일본 최초 고향납세 민간플랫폼 후루사토초이스를 운영하는 트러스트뱅크가 2023년 11월 1,088명을 대상으로 실시한 '고향납세 트렌드 조사 2023' 결과에 따르면, 응답자 70% 이상이 고향납세로 기부한 돈이 지자체에서 어떻게 사용되었는지 알고 싶다고 답했다. 또한, 전년도 조사에 이어 응답자 1/3 이상이 교육·육아에 기부금이 쓰이기를 바란다고 응답했다.

또한 고향세는 모금을 통해 부족한 세수를 확보하는 역할을 한다. 부족한 세수가 발생하는 지점이 어디인지를 잘 살펴야 한다. 재정이 부족하면 대부분 복지예산부터 삭감되는 것이 현실

[고향납세 트렌드 조사 2023]

출처: 2023 트러스트뱅크 고향납세 트랜드 조사

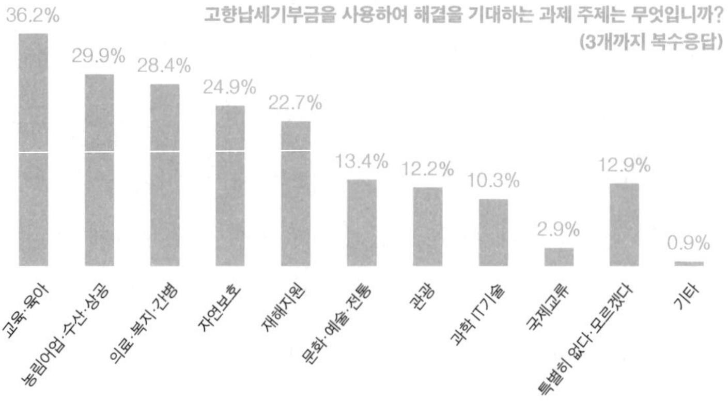

이다. 지역문화 향상과 지역주민 삶의 질을 높이는 활동 역시 세수가 투입되기 어렵다. 그렇다면, 결국 지역의 발전 전략 안에 모금 프로그램이 설계되어야 한다. '일단 기부해 주면 잘 쓰겠다'라는 안일한 방식으로는 모금이 성공하기 어렵다. 어떤 사업에 세수가 부족한지, 목표 세수는 어느 정도인지, 그리고 세수가 어떻게 쓰일지를 기부자에게 구체적으로 알려야 한다. 결국 투명한 지정기부 전략이 핵심이다.

고향사랑기부금은 지역 활성화와 주민 복리 증진에만 사용하도록 법률에 명시되어 있다. 그래서 사용 목적과 사용처가 중요하다. 국내외 기부전문가들도 "기부자들에게 기부금이 어떻게

[고향세 모금 전략을 통한 사회적 경제 동력 확보]

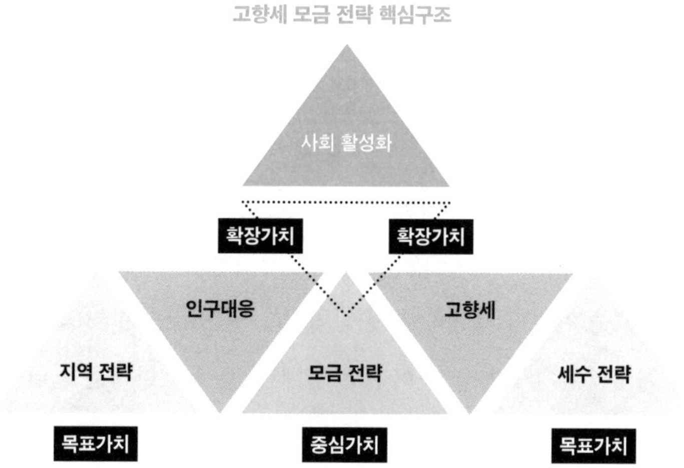

사회적, 전략적 관점에서의 동력

- 사회적 가치를 확산하는 새로운 지역 활성화 전략 구축
- 전략적 연결 및 연계를 통한 고향세형 사회적 문제 대응
- 지역 전략+모금 전략 = 사회적 경제 활성화 실행계획 정립

재무적, 지원적 관점에서의 동력

- 인구소멸로 인한 세수 한계를 고향세로 극복
- 부족한 예산을 고향사랑기부금으로 충당
- 예산 증액에 따른 규모 있는 중간지원 사업 확대

쓰이는지를 실시간으로 알려주어야 한다"고 항상 강조한다. 종종 언론에서 일부 모금단체가 기부금을 불투명하게 집행했다는 뉴스가 보도되곤 한다. 이런 일이 있을 때마다 기부에 대한 우려의 목소리가 높아지면서 기부시장 전체에 부정적인 영향을 미친다. 아무 상관없는 단체에도 '후원해지' 문의가 폭증한다. 그래서 기부금이 어디에 쓰이는지 기부자가 확인하는 게 중요하다. '지정기부'는 이것이 가능하다. 공신력 있는 단체일수록 '지정기부'로 기부자에게 기부금이 어떤 사업에 어떻게 쓰일지를 알린다. 고향세도 마찬가지다.

더 많은 기부금을 모으기 위해서도 지정기부는 매우 중요하다. 기부자가 기부 실천이 주는 감동을 느낄 수 있어야 하는데, 자신의 기부금이 무엇을 바꾸고 변화시킬지 직접 확인하는 것만큼 효과적인 감동 포인트는 없다. 일본 역시 지정기부를 중요시한다. 일본 고향납세가 지속적으로 성장할 수 있었던 이유로 적극적인 행정 지원과 창의적인 답례품, 민관 협업 등이 있지만, 무엇보다 일본 국민들의 적극적인 참여가 큰 역할을 했다. 그 이유는 기부자에게 기부금 사용처를 사전에 명시하고 투명성 있게 집행했기 때문이다.

일본 고베시는 2020년부터 코로나로 타격을 입은 학생들을 지원하는 '고베 학생지원 응원 조성' 사업에 고향납세를 활용하여 취약계층 학생들에게 경제 지원, 식량 지원, 마스크 지원 등을 하고 있다. 후쿠시마현 야부키초는 농자재 비용이 급등해 어려움을 겪는 농가를 지원하고 있으며, 이와테현 리쿠젠타카타시는 지역에서 생산된 쌀을 답례품으로 제공하고, 모인 기부금으로 아이들을 돕는'어린이 식당'을 운영하고 있다. 중요한 것은 이 모든 내용이 기부를 시작할 때 지정기부 형태로 기부자에게 투명하게 공개된다는 사실이다. 일본 국민들의 고향납세 호응도가 높을 수밖에 없는 이유가 여기에 있다.

국내는 어떤가? 지자체가 기부자의 공감을 얻기 위해 지정기부를 하고 싶어도 현행 정부 시스템 안에서는 시행 불가능하다고 입을 모은다. 유일한 고향세 플랫폼인 고향사랑e음 시스템이 제대로 구현되지 않는 문제가 있고, 일본과 달리 민간플랫폼이 활성화되지 않은 상태이기 때문이다. 고향사랑기부금이 모인다 해도 언제, 어디에, 어떻게 쓰일지 모르는 '깜깜이 기부'가 될 수 밖에 없다. 최소한 정보제공 '가이드라인'이라도 필요하다. 빠른 개선이 필요해 보인다.

만약 월드비전이나 굿네이버스 같은 국내외에서 신뢰도 높은 기부모금 단체에서 기부금을 어디에, 어떻게 쓸지 밝히지 않고 무작정 모금을 진행한다면 어떻게 될까? 모인 돈은 우리가 알아서 쓰겠다는 태도로 기부금을 모은다면 아무리 공신력 있는 곳이라 해도 많은 비판이 뒤따를 것이고, 단체 신뢰성에 치명타를 맞게 될 것이다. 기부금 사용처가 명확하지 않은 상태에서 이루어지는 기부는 반드시 문제가 발생할 수밖에 없다. 사전에 치밀한 세부계획을 세워두지 않으면 기부금을 공익 목적과 상관없는 사업에 집행하거나 주먹구구식으로 사업을 추진하다가 문제가 생기기 쉽다. 매뉴얼 없는 사용계획은 사고 위험성을 높인다.

어디서나 마찬가지겠지만, 기부는 매우 전문적인 영역이다. 그래서 오랜 역사와 전통을 자랑하는 신뢰성 높은 기부단체도 반드시 자체적으로 '기금심의위원회'를 설치한다. 여기서 학계 및 기부 전문가들이 사전에 합의해 기부원칙을 정하고, 기부금 사용처를 분명하게 명시한 상태에서 기부를 진행한다. 또한 기부금이 집행되는 현장을 정리해 기부자들에게 알리고, 기부금액이 어떤 항목으로 지출되는지 회계 보고를 진행한다. 이와 같은 철저한 관리 없이 장기적으로 기부금을 모금할 수 있다고 믿는다면 위험한 생각이다.

사회가치적 동류그룹을 설득하라

기부자들은 각자 삶의 가치와 방향이 다양하다. 환경, 복지, 동물, 아동 등, 사회문제만 해도 서로 관심사가 달라 기부 효능감에 차이가 있다. 그들에게 깜깜이 기부는 통하지 않는다. 단순히 우리 지역을 도와달라는 메시지는 그 지역 출향민들에게는 매력적일 수 있으나, 타지역민은 기부하고 싶은 매력을 느끼기 어렵다. 세계적인 마케팅 그루 세스고딘(Seth Godin)은 이제 '최소유효시장(Smallest Viable Market)'을 공략하는 것이 중요하다고 말한다. 최소유효시장이란 소비자가 팬이 되고 팬이 또 다른 팬을 불러오는, 작지만 보다 확실한 시장을 말한다. 그는 말한다. "좋은 고객이 다른 고객을 불러온다."[25]

멀리서 찾을 필요 없이, 지난 몇 년간 가장 거대한 최소유효시장을 만들어낸 마케팅 사례는 남자 아이돌그룹 BTS(방탄소년단)일 것이다. 그들은 활동 초기에 SNS로 '아미(ARMY)'라 불리는 자신의 팬덤에게만 충실한 마케팅을 펼쳤다. 홍보 범위를 넓혀 각종 온오프 마케팅에 집중하기보다는 팬그룹 아미가 원하는

25 세스 고딘, 『마케팅이다』, 김태훈 옮김, 샘앤파커스, 2019, p.138.

니즈를 파악해 각 멤버의 캐릭터를 설정했다. 데뷔 초기 낮은 인지도에도 불구하고 홍보 범위를 확장하기보다는 오히려 소수 팬덤에 집중한 것이다. 이러한 마케팅 방식은 대형기획사들이 얼론에 대대적인 홍보 프로모션을 하는 기존 방식과는 차별화된 포인트였다. 이들은 팬덤에게 충실한 마케팅을 지속했고, 성공 가능성이 낮았던 초기 전망과는 달리 시간이 갈수록 팬덤 규모를 넓혔다. 결국 인지도에서 남자 아이돌그룹 상위권으로 올라섰고, 2017년 세계적인 성공을 거두었다. AMA(아메리칸 뮤직 어워드)에 공연자로 초청받으며 전 세계인의 눈을 사로잡은 것이다.

왜 한국 최고 남자 아이돌그룹 중에서 BTS가 초청받았을까? 답은 그들의 팬덤 아미의 힘이었다. 아미는 오로지 자신들과의 소통에만 집중하는 BTS 멤버들과 일종의 가족관계를 형성하고, 다른 팬덤보다 더욱 적극적으로 홍보했다. 팬덤 규모가 당시 다른 아이돌그룹에 비해 가장 크지는 않았지만, 가장 열성적인 팬덤을 구축한 것이다. 이들은 마치 자신이 기획사의 홍보직원이라도 된 듯 BTS와 함께했다. 논란에 적극 대응하고, 그룹을 향한 혐오에 맞서고 방어막이 되어주는 것도 이들의 역할이었다. 아미는 마치 하나의 글로벌 국제기구 같은 움직임을 보여주었다. 즉, 아미는 제8의 멤버였다. 미국 시장에서 처음 주목을 끈 이

유도 다른 팬덤에서는 볼 수 없는 유기적인 협력체계를 지닌 '아미의 특수성'이었다. 이것은 하나의 가치와 연대로 똘똘 뭉친 최소유효시장의 모습이라고 할 수 있다.

이와 같이 시장에는 최소유효시장이 이미 형성되어 있다. 현대인의 개성이 세분화된 만큼 각자 추구하는 라이프스타일과 가치도 세분화되었기 때문이다. 여기에는 어떤 '사회가치'를 추구하는지도 포함된다. 세스 고딘은 이들을 '동류그룹'이라 말한다. 이들 역시 특정한 가치에 따라 연대하고 협력하는 일종의 사회적 팬덤 그룹이다. 예를 들어 SNS 해시태그 캠페인을 주목해보자. 예를 들어 '고양이'라는 해시태그를 검색하면 고양이를 키우거나 좋아하는 사람들의 다양한 콘텐츠가 뜬다. 온라인 소비자들은 그것에 공감하고 협력하며, 친구 맺기를 하고 교류한다. 이

[온라인 커넥트 구축 사회가치적 동류그룹 활성화]

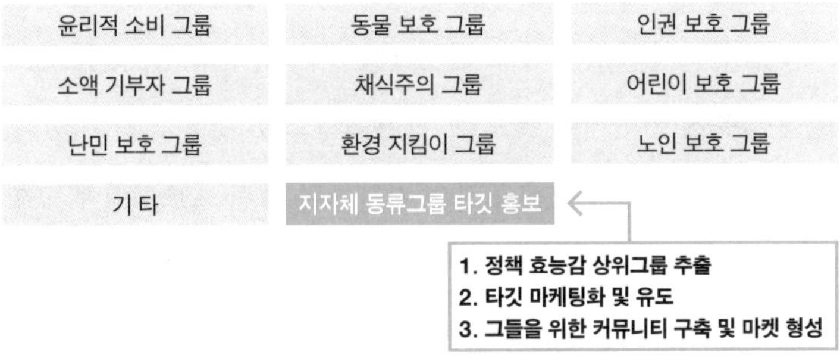

들이 바로 반려묘 동류그룹이다. 만약 특정 지역에서 그들을 위해 고양이와 관련한 기부캠페인을 한다면 어떤 반응이 나타날까? 아마도 일반적인 기부방식에 비해 높은 성과를 거둘 것이다.

실제로 일본 히로시마현 진세키고원초는 일본의 대표적 NGO 피스윈즈재팬(Peace Winds Japan)과 함께 유기견 보호활동으로 큰 성과를 거두었다. 피스완코라는 이름의 지정기부는 2015년에만 고향납세로 3억 2천엔(약 32억원)을 모금했다. 이후에도 매년 평균 5억엔 정도를 고향납세로 모금하고 있다. 기부자 중에는 진세키고원초 출향민도 물론 있다. 그러나 압도적 다수는 유기견 보호활동에 공감하는 일반시민이라는 점이 중요하다. 마찬가지로 어린이, 노인, 청년, 보건, 환경 등 다양한 사회적 주제에 관심을 가진 그룹들이 있다. 그들이 각 주제와 연결되는 지역이슈에 관심을 갖도록 유도하는 전략이 대단히 중요하다. 지정기부는 바로 이런 동류그룹을 기부 참여로 연결하기 위해 가장 우선적으로 해결해야 할 과제이다.

필자 역시 마찬가지다. 환경 관련 서적을 여러 권 냈을 정도로 환경문제에 관심이 많으며, 관련 전문가로 활동도 하고 있다. 당연히 그러한 가치를 추구하는 지자체의 관련 프로그램에 고향세 기부를 하고 싶다. 그런 점에서 지난해 강원도 양구에서 진행한 '못난이 농산물 프로젝트'가 좋았다. 못생겼다고 소비되지 못

[피스완코 프로젝트]

출처: https://wanko.peace-winds.org/

하고 버려지는 과일이나 채소를 되살리는 프로젝트로 고향세 모금함을 열었는데, 사흘 만에 천만원이 넘는 모금이 이루어졌다. 하지만 행정 시스템이 뒷받침해주지 못해 중간에 모금함이 닫히고 말았다. 매우 아쉬운 대목이다.

또한 필자는 고향이 서울이고 현재 경기도에 거주한다. 현행법상 경기도에는 기부할 수 없지만 서울에는 기부할 수 있다. 그러나 재정이 풍부한 수도권에 기부하고 싶은 마음은 없다. 그렇다고 부모님이나 친인척 중 수도권과 거리가 있는 지역에 거주하는 사람도 없다. 즉 필자가 관계를 맺고 있는 지역이 없다는 말이다. 이런 상황에서 기부를 위해 선택할 수 있는 관심영역은 결국 매력적인 답례품과 지정기부 외에는 없다. 현재까지 답례품의 지역 편차는 크지 않다. 변수는 지정기부이다. 세액공제 범위 내 10만원까지는 누구나 자신이 원하는 사업에 기부할 수 있다. 그래서 필자는 지역에 필요하다고 판단하는 공익사업에 우선 기부하려고 한다.

그런 의미에서 지난해 광주시 동구와 전라남도 영암이 진행한 지정기부 프로젝트를 살펴보자. 광주 동구는 국내에서 단일 지정기부처로 1억원을 돌파한 첫 사례로, 고향세 제도를 도입하고 본래 취지에 맞는 기부계획으로 초과 달성했다는 점에서 더욱 의미가 깊다. 광주 동구는 2개의 지정기부함을 열고 모금활동을 진행했다.

첫 번째는 '광주극장 100년 프로젝트'이다. 광주극장은 일제강점기 시절 조선인 사업가 최선진이 개관했다. 당시에는 상당히 파격적인 일이었다. 일제강점기에 대부분의 극장은 일본인 소유였기 때문이다. 광주극장은 엄혹한 시대를 지나며 우리 문화를 지키기 위해 노력했다. 판소리 공연과 민중극을 올리며 민족 자부심을 지키기 위해 싸웠다. 광주극장은 마지막 남은 단관 극장이기도 하다. 그러나 현재 광주극장은 운영에 어려움을 겪으며 폐관 위기에 처해 있다. 광주극장은 한국 현대사의 문화 상징 같은 곳이다. 이를 되살려 시민 공간으로 만들면 어떨까? 광주 동구는 이런 비전을 가지고 고향세 지정기부함을 열었다.

지정기부함이 열림과 동시에 이 뜻에 동참하는 각계 인사들의 참여와 지지가 잇따랐다. 영화감독 변영주 씨가 모금 참여를 독려하는 영상을 공유했다. 영화 〈다음 소희〉 정주리 감독도 기부 참여 독려 영상을 공유했다. 지난해 11월 1일에는 곽푸른하늘, 아마도이자람밴드, 불나방스타쏘세지클럽 등 인디 뮤지션들이 광주극장에서 촬영한 다큐멘터리 영화 〈버텨내고 존재하기〉가 개봉되었다. 영화를 사랑하고 문화를 사랑하는 기부자들이 반응하기 시작하면서 응원이 쏟아졌다. 특히 우수한 예술적 성취에도 불구하고 인기가 없다는 이유로 무대에서 사라지는 인디 뮤

[광주 동구청 광주극장 지정기부함]
출처: 위기브(www.wegive.co.kr)

[영화 '버텨내고 존재하기' 포스터]

지션, 독립영화 등과 광주극장이 하나의 공통된 공감대를 일으켰다. 문화인들의 관심은 자연스럽게 시민들의 참여에 결정적인 영향을 미쳤다.

광주극장은 지난해 플랫폼 모금 수익만 총 84,000,000원 이상을 거두었다. 1차 목표금액이 54,000,000원이었으니 무려 162%를 달성한 것이다. 온라인 기부보다 현장 기부를 선호하는 노령층 중심으로 지자체에 직접 기부도 이어졌다. 이를 합산하면 최소 1억원 이상의 모금 성과를 거둔 것으로 파악된다.

광주 동구의 두 번째 프로젝트는 발달장애 아동으로 구성된 E.T(East Tigers) 야구단 돕기 프로젝트였다. 발달장애 아동은 부모 도움 없이 자립하는 것이 가장 절실한 문제이다. 그래서 이들의 사회적응 훈련을 위한 지원이 반드시 필요하다. 단체스포츠만큼 좋은 훈련은 없다. E.T 야구단 청소년들은 야구를 배우며 동료들과 협력하고 사귀는 법을 배운다. 이런 경험은 이들이 성인이 되었을 때 분명 큰 도움이 된다.

그러나 E.T 야구단 역시 큰 위기에 봉착했다. 지원금이 줄어 해체 위기를 맞은 것이다. 지역 세수가 줄면 제일 먼저 사회적 약자 돌봄사업이 타격을 받는다. 자구책과 돌파구가 필요한 상황에서 광주 동구는 고향사랑기부금 프로젝트로 돌파했다. 지정기부함이 열리자 많은 이들이 기부 취지에 공감하며 모금에 동참했다. 모금 오픈 3개월 만에 65,000,000원을 돌파하며 무서운 속도로 모금이 이어졌다. 지난해 단일 플랫폼 모금액은 254,000,000원을 달성해 목표액 82,000,000원을 훨씬 넘어서는 311% 초과달성을 이루었다.

성공의 열쇠는 SNS 등에서 빠르게 퍼져 나간 입소문 덕분이

[광주 동구청 E.T 야구단 지정기부함]

출처: 위기브(www.wegive.co.kr)

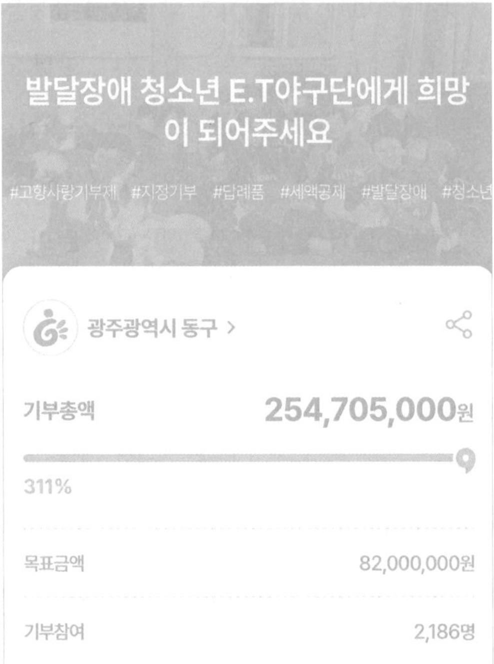

었다. 발달장애 아동에 대한 공감대가 선한 바이러스를 전파했다. 두 차례의 모금이 성공을 거두면서 현재 광주극장은 필요 시설 공사를 진행 중이고, E.T 야구단은 운영이 재개되었다. 현재 플랫폼 모금은 중단된 상황이지만 필요시 언제든 모금함을 다시 오픈할 수 있다. 한 번 모금이 이루어지면 기부자들의 연속적인 기부를 기대할 수 있다.

두 지정기부 모두 '이야기의 힘'이 이루어낸 승리라고 말할 수 있다. 기부가 필요한 이유가 하나의 서사구조를 완성했다. 광주극장은 한국 전통문화 계승과 소외된 문화의 복원이라는 키워드로 하나되었다. E.T 야구단은 장애아동의 현실을 알리며 사회적 교육이라는 키워드로 공감대를 형성했다. 셀럽들의 캠페인 참여를 통해 이런 서사는 강화되고 스토리텔링되어 전파된다. 내러티브 마케팅의 힘이다. 이야기가 재맥락화를 거쳐 연속적으로 퍼져나갔고, 블로그 등에서 수많은 콘텐츠가 노출되었다. 매력적인 이야기는 사람들의 동참은 물론 시선을 끊임없이 붙잡는다. 초연결사회의 특징은 발화시점에서 빠르게 이야기가 퍼져나간다는 데 있다. 여기에 지정기부의 강점이 있다.

지난해 고향세가 특별히 화제된 지역은 없다. 광주 동구는 모금도 성공적으로 달성했지만, 무엇보다 높은 화제성으로 지역을 홍보한 성과가 상당하다. 수도권 거주민 중에서 지역 시군을

[E.T 야구단 뉴스기사]

출처: 네이버(www.naver.com)

광주일보 · 2023.12.19.

[총선브리핑] 김병우 민주혁신연구원 원장, E.T 야구단 활성화 업무 협약

내년 총선에서 광주 동남을 출마 예정인 김병우 민주혁신연구원 원장은 광주시동구장애인복지관과 '청소년 E.T 야구단 활성화를 위한 ...

뉴스워커 · 2023.12.07.

광주 동구, 오영진 위즈온 대표... '발달장애 청소년 E.T 야구단 지원' 고액 기부 동참

광주시 동구(청장 임택)는 오영진 위즈온 협동조합 대표가 고향사랑 기부제 기금사업인 '발달장애 청소년 E.T 야구단 지원 프로젝트'에 ...

더팩트 · 2023.11.30. · 네이버뉴스

한국마사회 광주지사, E.T야구단에 300만원 기부

동구복지관 "노후 장비 교체 비용으로 사용할 것" 광주시동구장애인복지관은 한국마사회 광주지사가 'E.T 야구단'의 지속적인 활동을 ...

데일리안 · 2023.11.22. · 네이버뉴스

"서울 사람도 광주 E.T야구단에 기부, 전남·광주 고향인분들 채워봅시다!"

김 이사장이 기부한 곳은 지난 2016년 10월, 광주 지역 발달장애인들이 모여 창단한 전국최초 발달장애 청소년 야구단 'E.T(East Tiger...

자세히 아는 사람이 몇이나 될까? 하물며 지역 내 작은 소도시에서 어떤 정책을 펼치고 있는지 어떻게 알 수 있을까? 고향세는 지역을 홍보할 수 있는 새로운 기회를 제공한다. 말하자면 정책 홍보의 연장선이다. 제도를 활용해 지역에 가시적 변화를 불러올 수 있으며, 지역민뿐만 아니라 전 국민에게 자연스럽게 지역을 알릴 수 있다는 의미다.

지역소멸은 인구가 줄어드는 데 가장 큰 원인이 있지만, 지역에 대한 무관심도 무시할 수 없다. 앞서 말한 바와 같이, 수도권에서 나고 자란 사람은 지역을 잘 모른다. 이들은 모두 지역의

잠재적 관계인구이다. 지역 입장에서는 이들에게 강한 인상을 심어주는 게 중요하다. 관심은 지역 인지도가 되고, 친근하고 이름이 알려진 지역에는 더 많은 사람이 방문할 것이다.

지역홍보는 보통 열차나 비행기 객실에 비치된 잡지, 지역 방송에서 주로 볼 수 있다. 대부분 지역의 관광지나 특산물 위주의 콘텐츠가 많아 뚜렷한 차별성을 느끼기 어렵다. 확실한 관광자원이 없는 곳은 금방 잊혀진다. 이런 의미 없는 홍보에 매년 상당한 지역 예산이 투입된다. 하지만 특별한 관광자원이 없는 소지역은 달리 방도가 없다. 우리 지역의 차별점을 어떻게 보여줄 것인가? 관광지가 없다면 정책으로 보여주는 것은 어떤가? 어떤 복지정책을 시행하고 있는지, 지역민의 건강한 삶을 위해 어떤 노력을 기울이는지, 그리고 그 노력이 어떤 결실을 맺었는지를 홍보자료로 활용할 수 있다. 이처럼 고향세를 활용하면 훌륭한 전달통로를 만들 수 있을 것이다.

지역문제와 연결하라

앞서 설명한 것처럼, 지역의 고질적인 문제를 해결하는 데 고향사랑기부제(고향세)를 연결해야 한다. 그래야 지역만의 특별한 지정기부 프로그램을 보여줄 수 있다. 더 나아가 지정기부 프로젝트가 그 지역을 상징하는 정책이 될 수도 있다.

일본 홋카이도 가미시호로초는 지역으로 이주하는 젊은 부부들을 지원하기 위해 고향납세로 '육아 저출산 대책 꿈 기금'을 마련했다. 지원 항목으로는 어린이집 보육료 10년간 완전 무상화, 영어교육을 위한 외국인 강사 배치, 소규모 학습 실현, 고등학교 졸업까지 의료비 무상제공 등이 있다. 이로 인해 2014년을 기점으로 인구감소가 멈추고 증가세로 전환하는 놀라운 성과를 거두었는데, 절대인구 감소로 쇠락해가는 일본 현지에서도 매운 드문 사례로 볼 수 있다.

전체적으로 비슷한 수준의 인프라와 자원을 가진 지역들 사이에서는 특별한 차별점을 찾기가 쉽지 않다. 그런데 그중 어느 한 지역만 발전하고 있다면 인근 지역민은 자연스럽게 거주지 이동을 고려하게 된다. 또한 주말 여행을 떠나기 좋은 곳으로 인프라가 갖추어진 근접지역을 선택할 수밖에 없다. 전국적으로

[인구감소 문제를 보육환경 개선으로 해결]

도시보다 쾌적하고 생활하기 쉬운 환경이 귀촌인에게 매력

- 넓은 하늘에 색색의 열기구가 떠오르는 홋카이도 최고의 인기 이벤트 '홋카이도 풍선 페스티벌'의 무대
- 다이세츠산국립공원의 히가시야마 산기슭에 위치한 자연이 아름다운 마을
- 도쿄 23구와 비슷한 면적이지만, 인구는 약 5천명. 1955년 이후 인구 지속적 감소

기부금을 적립해 '육아·저출산 대책 꿈 기금' 설치

- 어린이집 보육료 10년간 완전 무상화
- 영어교육을 위한 외국인 강사 배치
- 소규모 학습 실현
- 고등학교 졸업까지 의료비 무상 제공

인구가 줄어드는 일본에서 가미시호로초는 오히려 인구가 늘어나는 이유가 무엇인지 말해주는 대목이다.

지난해 이와 유사한 도전을 한 지역이 전라남도 영암군이다. 영암군은 지역 공공산후조리원 건립을 위한 '신생아 생존보장: 영암 맘(mom) 안심 프로젝트'를 기획하여 모금 플랫폼에 공개하고, 사용계획 역시 기부자들에게 투명하게 알렸다. 그 결과는 어땠을까? 국내 산후조리원 이용률은 80%에 육박한다. 민간시설 비용은 평균 300만원 수준이다. 열악한 지역에 거주하는 산모들에게 산후조리원은 '그림의 떡'이다. 이용하려면 주변 대도시로 먼 거리를 이동해야 한다. 영암군은 지역 산모들의 불편함을 해소하고, 안전하고 쾌적한 환경을 조성하겠다는 목표를 세웠다. 필요한 장비 구입은 기부금으로 충당한다는 방침이다. 또한 누구나 저렴한 가격에 이용할 수 있도록 할 계획이다. 영암 맘 안심프로젝트가 알려지면서 모금 개시 한 달 만에 1억원이 넘게 모였다. 2023년 온라인 모금액만 173,232,000원에 이른다. 이는 모금 플랫폼 집계결과로, 지자체 오프라인 모금액까지 더하면 상당한 많은 금액이 모였을 것으로 예상된다. 무려 플랫폼 모금 목표액 500%를 넘어선 놀라운 수치다.

영암군의 사례는 국내에서도 지정기부가 충분히 가능하며, 모금 참여를 이끌어내는 원동력이 될 수 있음을 보여준다. 다시

[전라남도 영암군 영암 맘(mom) 안심 프로젝트 지정기부함]

출처: 위기브(www.wegive.co.kr)

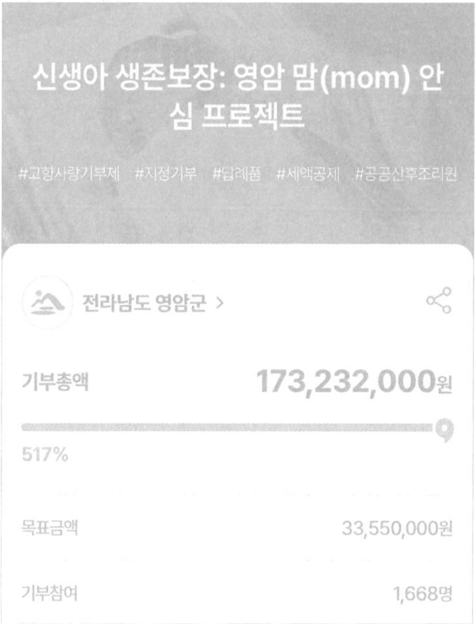

말해, '영암 맘(mom) 안심 프로젝트'의 '지정기부' 방식이 기부 호응도를 높여 기부 실행으로 이어졌다는 의미다. 이 점에서 영암군의 사례는 단순한 성공 사례에 그치지 않고 앞으로 고향세가 나아갈 방향을 제시한다. 지정기부 방식은 비슷한 상황에 놓인 지자체에서도 배워야 할 모델임이 분명하다. 저출생처럼 중요한 지역 이슈를 전국에 알리고 실질적인 도움을 이끌어내는 과정에서 고향세의 효용성이 증명되었기 때문이다. 아쉽게도 행정 권고로 민간플랫폼 모금을 중단하지만 않았다면 더 많은 모금을 빠른 시일 내에 달성했을 것이다.

또한 고향세는 지원 사각지대의 임산부를 도울 수 있는 좋은 방법이다. 한국은 세계에서 가장 빠른 인구감소율을 나타내는 반면, OECD 최고 아동수출국이라는 오명을 쓰고 있다. 이는 사뭇 모순되는 현상이다. 이유가 무엇일까? 미혼모 미혼부에 대한 사회적 편견과 지원정책 부재가 가장 크다고 할 수 있다. 아이러니하지만 혼자 아이 키우기 좋은 나라가 되어야 인구소멸을 막을 수 있다. 프랑스 사례를 보자. 프랑스는 출산율 1.89명으로 OECD 국가 중 상위권이다. 비결은 가족정책에 있다. 프랑스는 가족을 보조하기 위한 다양한 정책을 펼친다. 가족보조금, 영아보육수당, 장애아동수당, 가족지원수당, 개학수당, 자녀간호수당 등등 그 정책도 다양하다. 그러나 반전이 있으니, 프랑스는 '독신의 나라'라고 부를 정도로 독신인구가 전체 가정의 1/3에 육박한다.

어떻게 이럴 수 있을까? 그들은 자녀가 부모와 함께 살아도 성인이 되면 하나의 가정으로 분류하며, 배우자 없이 혼자 살아도 저런 혜택들을 받을 수 있다. 또한 꼭 결혼이라는 제도에 묶이지 않는다. 따라서 프랑스 청년들은 결혼하지 않고 아이를 낳아도 어떤 편견 없이 키울 수 있고, 아이는 국가가 키워줄 것이라는 믿음이 강하다. 한국 청년들은 "나 혼자 살기도 힘든데 무슨 가정을 꾸리나?"라는 생각이 많다. 그래서 한국도 프랑스와 마찬가지로 1인 가구가 늘고 있지만, 그 사유는 정반대다. 한국은 살기 힘들어서이고, 프랑스는 혼자 살아도 아무 상관이 없기 때문이다. 한쪽은 부정기제가, 한쪽은 긍정기제가 작동하고 있다. 상수는 같은데 변수를 어떻게 주느냐에 따라 결과값이 다르게 나타나는 것이다. 한국도 이제는 전통적인 가족관에서 벗어날 필요가 있다. 그래야 청년들의 부담이 줄고, 혼자와 우리의 경계가 희미해진다. 어쩔 수 없이 혼자를 택하는 것이 아니라 오히려 혼자 살아도 충분한 사회가 되어야 한다. 시대의 흐름은 바꿀 수 있는 게 아니다. 그 흐름 안에서 새로운 대안을 마련하는 게 현명하다.

저출생만큼 심각한 문제는 바로 지역의 노후화, 고령화이다. 고령인구 증가는 지역에서 감당해야 할 세수가 늘어나는 것을 의미한다. 고령인구에게 당장 필요한 것은 긴급돌봄이다. 질병이나 재해 등에 취약한 세대이기 때문이다. 그러나 소외된 지역에서는 적절한 의료서비스를 받기가 매우 힘들다. 몸이 아프면 장시간 타지역으로 이동해야 하는 불편을 감수해야 하고, 이마저도 고령자는 어려운 현실이다. 이와 같은 지역문제들을 창의적인 고향세 해법으로 풀어보면 어떨까? 한국은 올해 의사 증원 2,000명이라는 사회적 의제를 놓고 정부와 의사협회 간에 격

렬한 갈등을 겪고 있다. 물론 근본적인 해법을 찾는 것이 우선이지만, 의사들이 지역을 기피하는 이유 중에는 열악한 근무환경과 낮은 처우 문제가 있다. 여기에 필요한 재원을 고향세로 모금하는 방법도 생각해볼 만하다.

무엇보다 긴급 의료서비스에 필요한 재원 마련이 시급하다. 이 서비스가 가장 필요한 세대는 60대 이상 고령층이다. 앞 장에서 소개한 일본 시마네현 운난시는 인구 3만 8천명 정도의 소지역이다. 국내에도 비슷한 인구의 소멸위기 지역이 매우 많다. 이런 소지역 노령층이 적절한 의료서비스를 받으려면 인근 대도시로 이동해야 한다. 운난시는 고향납세로 의료서비스를 받을 수 있는 모금함을 열었다. '찾아가는 커뮤니티 간호사 프로젝트'인데, 3개월 만에 우리돈 1억원을 모금했다. 세부 프로그램으로는 찾아가는 검진과 돌봄서비스를 제공하며, 상담을 통해 정신건강도 살핀다. 더불어 취미활동을 지원하고, 필수시설을 방문할 때에도 동행한다. 운난시 사례가 중요한 이유는 한국 역시 같은 문제가 있기 때문이다. 특히 노인 의료 지원서비스는 고향에 부모가 계신 자녀세대에게 상당히 매력적일 것이다. 홀로 지내는 부모님을 위해 수도권 거주 자녀가 할 수 있는 일이 없는 상황에서 운난시가 제공하는 의료서비스는 좋은 모델로 삼을 만하다.

지정기부 사업을 도출하는 과정에서 기존 사업과 연계 가능한 사업 확인
연계사업 활용시 사업 기획 및 실행에서 실질적 시너지 기대 가능

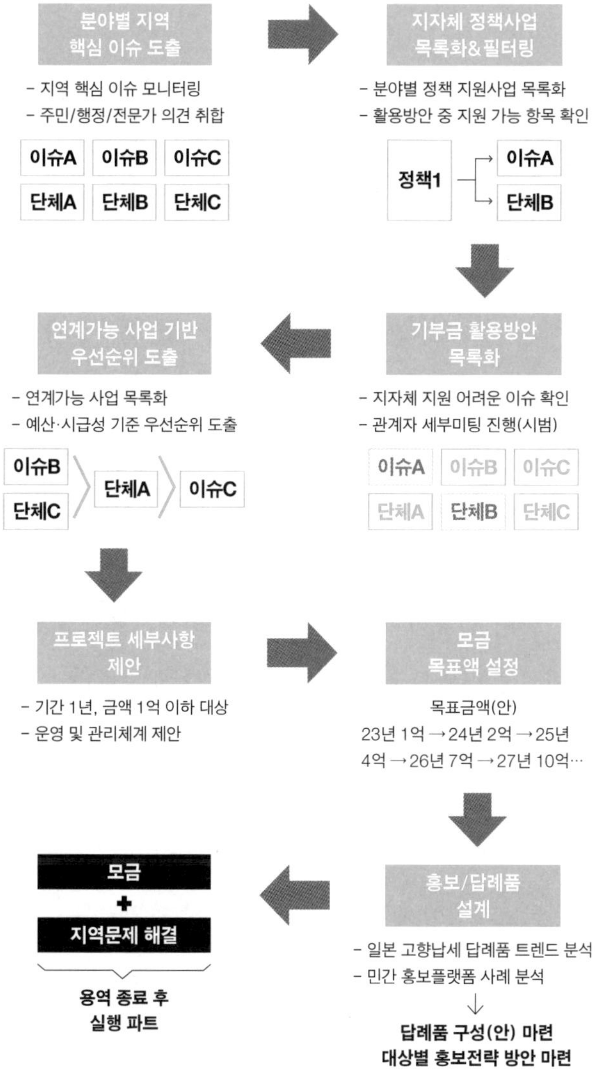

긴급대응에 활용하라

열악한 지역에 가장 큰 위협은 아마도 갑자기 찾아오는 재난이나 재해일 것이다. 예기치 않은 산불이나 홍수가 불러온 위급 상황을 해결해야 할 때가 있다. 대형 재난이 닥치면 '특별재난지역'을 선포하고 정부 차원에서 대응하지만, 피해지역 곳곳을 모두 지원하기에는 역부족이다. 고향사랑기부제(고향세)는 긴급 상황에서 지원 공백을 메우는 효율적인 방법이 될 수 있다.

일본의 대표적 고향납세 모금플랫폼 '후루사토초이스'는 재난재해 플랫폼을 별도로 운영한다. 재난재해 모금은 수수료를 따로 받지 않으며, 간단하게 긴급 상황을 알리고 아주 짧은 시간 내에 모금하여 신속히 지원한다. 한국지방자치학회 고향사랑기부제 특별위원회 위원장인 권선필 목원대학교 교수는 '고향세가 지역의 재난 상황에 대처할 수 있는 효과적인 정책이 될 것'이라 주장한다.

그의 견해에 따르면 현재 공적지원은 여러 가지 한계가 있다. 첫째, 국고지원이 확정되고 교부되어야 지원금을 받을 수 있기 때문에 필요한 시기와 시차가 발생한다. 고향세는 지자체 권한으로 빠르게 모금함을 열 수 있기에 일본처럼 골든타임 내에 신속한 지원이 가능하다. 둘째, 법령에 정해진 기준 안에서 지원이 한정적으로 이루어진다는 점이다. 한 가지 예를 들면, 재난으로 건물이 파괴되었을 때 전파·유실은 1,600만원, 반파 800만원 정도 지원받는데, 실질적인 복구가 불가능한 수준이다. 이 경우에도 고향세 모금으로 부족한 비용을 확보할 수 있을 것이다. 셋째, 재해지역의 지역적 특성이 충분히 반영되지 못하는 문제가 있다. 그 결과 건물 규모나 가격 등이 전혀 다른 5,000만원 주택과 2,000만원 주택이 동일한 지원을 받는다. 마찬가지로 실질지원금액을 고향세로 보완할 수 있다.[26]

무엇보다 기후변화 시대를 넘어 기후위기 시대로 가는 현상황에서 재난재해는 일상적인 이슈가 될 것이라는 점이다. 『2050 거주불능 지구』의 필자이자 세계적인 저널리스트 데이비드 월러스 웰즈(David Wallace-Wells)는 이제 재해재난이 뉴스속보가 아닌 날씨뉴스에서 다루게 될 정도로 흔한 사건이 될 것이라 경고한다. 그에 따르면 기후변화는 살인적이고 일상적인 폭염을 만성화한다. 문제는 지구 평균기온 2도 상승이 불가피하다는 것이다. 앞으로 인류가 전면적인 대전환을 이뤄내지 않는다면 말

26 권선필, 〈고향사랑기부제: 재난, 재해 대응 관점에서〉, 국회 토론회 자료집, 2023년 8월 8일, p.13.

이다. 여기에 최대 4도 상승도 충분히 예상할 수 있는 시나리오이다. 지구온난화가 식량생산에 치명적인 타격을 가해 세계적으로 빈곤과 굶주림이 더욱 강화된다. 열대지방이 확장되고 비옥한 땅은 줄어든다. 기온이 소폭만 상승해도 생산력은 급속히 감소한다. 또한 바다는 해수면 상승 위기에 직면한다. 많은 섬나라가 물에 잠기고, 뉴욕이나 방콕 같은 대도시도 잠긴다. 최악의 경우 80미터까지 해수면이 높아질 것이고, 런던과 몬트리올 같은 도시도 통째로 물에 잠기고, 미국의 수많은 주 역시 사라진다고 예상할 수 있다.

건조한 날씨로 매일같이 산불이 발생하고, 500년에 한 번꼴로 일어나는 자연재해 역시 일상이 된다. 그래서 데이비드 월러스 웰즈는 '자연재해'를 '날씨'라고 부르게 될 것이라고 주장한다. 갈증과 가뭄 때문에 수많은 인류가 서로 분쟁하며 서로의 수자원을 약탈할 것이고, 기온상승으로 폭력사태가 증가한다. 대도시의 공기는 더 이상 숨쉴 수 없을 정도로 오염되어 매년 상당수의 사망자가 발생한다. 빙하가 녹으면서 고대 바이러스가 깨어나 현재보다 많은 팬데믹 현상이 벌어지고, 상상할 수 없이 많은 사망자가 발생한다. 세계경제 대공황이 찾아온다.[27] 이것이

27 데이비드 월러스 웰즈, 『2025 거주불능 지구』, 김재경 옮김, 추수밭, 2020, pp.32-64.

데이비드 월러스 웰즈의 미래전망이다. 다소 최악의 상황을 염두에 둔 주장이라고 해도 그 징조는 이미 나타나고 있다. 전 세계 이상기후 현상은 뉴스에서 흔히 볼 수 있다. 또한 이미 코로나라는 신종 바이러스로 전 세계가 한바탕 위기를 겪었기 때문에 미래의 팬데믹 상황이 얼마나 고통스러울지 예상할 수 있다. 이런 재해가 더 빈번히 일어날 것이라고 전문가들은 입을 모은다.

코로나 당시 한국 또한 심각한 경기침체를 겪었고, 수많은 소상공인들이 타격을 입었다. 정부가 다양한 지원정책을 마련해 총력대응을 했지만 분명 사각지대도 존재했다. 특히 관광업이 큰 타격을 입었다. 앞으로 이런 사태가 장기적·연속적으로 일어난다면 세수와 자원이 부족한 지역은 매우 견디기 힘든 상황을 맞게 될 것이다. 이럴 때 고향세 모금 전략이 더욱 필요하다.

일본 가나가와현 가마쿠라시 사례를 살펴보자. 가마쿠라시는 코로나로 어려움에 처한 지역 관광업계를 지원하기 위해 고향납세를 적극 활용했다. 고향납세 긴급 지정기부함을 개설하여 경제적 어려움을 겪는 음식점과 관광업을 지원하는 것이 핵심이었다. '코로나 대책기금'이라는 이름으로 홍보하면서 2020년 5월 1일부터 2020년 7월 29일까지 3개월 동안 1,144만엔 이상을 모금했다. 우리돈 1억원이 넘는 금액이다. 이들의 초기 목표는 1,000만엔이었다.

[가나가와현 가마쿠라시의 사례]

일본 가나가와현 가마쿠라시
코로나로 어려움을 겪는 시내 음식점 및 관광업계 지원을 위해
문화와 지역 제조업 및 특산품을 결합한 상품을 제공해 기금 조성 후 활용

코로나로 관광산업 침체
↓
특수 목적 기금 조성 및 활용

- 만화 〈슬램덩크〉 배경지로 유명한 인구 약 17만명의 도시
  관광객이 많이 방문했으나 코로나19 펜데믹으로 인해
  시내 음식점 및 관광업이 큰 타격을 받음
- 감염 확대 방지를 위한 긴급 사태 선언으로 외출 및 관광 자제 기간이
  길어지는 가운데 해당 기간 종료 후 원활한 경제회복으로
  이어질 수 있도록 소상공인을 지원하기 위한 기금 적립 및 사용

"가마쿠라 시민 모두가 지지하는
신형 코로나 바이러스 감염증 대책 기금 적립"

경제적 어려움을 겪는
음식점 및 관광업계 지원

지역 문화, 제조업 및
특산품을 활용한 답례품 제공

모금액	198명으로부터 11,449,000엔
주요 내용	코로나19 펜데믹으로 어려움을 겪는 가마쿠라시 관광업계 지원
홍보방법	후루사토초이스 GCF 플랫폼 활용
답례품	• 맛집 식사권, 공연 초대권 • 수제화 제작소 맞춤신발 제작권 • 지역특산품(술, 치즈, 햄, 공예품 등) • 지역 일러스트레이터의 오리지널 일러스트 답례장

[슬램덩크 배경지로 떠나는 가마쿠라 에노덴 열차]

재해재난 모금은 일상적인 이슈에 비해 모금이 더 빨리 이루어지는 편이다. 2011년 동일본대재진이 일어났을 때 고향납세 모금액이 2배 이상 증가했다. 국내 기부모금 플랫폼 '네이버 해피빈'과 '카카오같이가치' 역시 국내 재난구호 관련 모금이 압도적인 성과를 나타낸다. 그 이유로 첫째, 이슈 폭발력을 들 수 있다. 대형 재해가 발생하면 뉴스나 미디어를 통해 전국에 빠르게 확산된다. 또한 SNS와 소셜미디어로 정보가 실시간 공유된다. 두 번째는 소통과 공감을 통한 기부 참여다. 뉴스와 SNS 등에 공유되는 실시간 정보는 사람들의 마음을 움직이고, 기부자는 자신이 현장에 있었던 것 같은 감정을 느끼게 된다. 그 안타까움과 피해자에 대한 깊은 공감이 기부 참여를 확산하는 것이다. 특히 한국인은 재난재해 피해자에 대한 공감능력이 매우 뛰어난 수준이라 말할 수 있다. 2014년 세월호 참사가 일어나자 전 국민이 한마음으로 유가족을 위로하고 모금운동에 동참하였다. IMF 당시에도 국가경제 위기상황에서 각자 장롱 속에 깊이 감춰둔 금붙이를 내놓기도 했다.

2023년에도 대형 홍수로 큰 인명사고가 발생했다. 물론 지자체 차원에서 피해대책을 내놓았지만, 그것으로 충분했는지는 생각해볼 필요가 있다. 일단 재해가 발생하면 위급상황에서 많은 피해자가 발생한다. 이들이 빨리 일상으로 복귀하려면 다방면에서 지원이 필요하다. 또한 훼손된 인프라 복구에도 많은 자금이 소요된다. 지방정부 재정에 부담이 될 수밖에 없다. 이때도 특별재난지역으로 선포되어야 국비를 추가 지원한다. 인구감소로 세수는 부족해지는 반면, 기후위기가 심화되면서 갈수록 재해가 늘어난다. 이때 고향세를 활용한 기부 전략이 필요하다. 복잡한 행정절차를 거치지 않기에 빠르게 모금해 신속히 복구 자금으로 투입할 수 있으며, 지자체가 자유롭게 기금을 활용할 수 있다는 장점이 있다. 특히 법령으로 지원받지 못하는 사각지대에 있는 피해자를 찾고, 이들에게 실질적 도움을 줄 수 있는 통로로 활용하면 좋을 것이다.

지역 특성을 고려하라

지역마다 지리적 환경과 가지고 있는 자원이 서로 다르다. 따라서 지역만의 장점을 최대한 살리는 기획이 필요하다. 교통시설 발달로 하루여행 코스를 즐기는 인구가 늘고 있고, 1인 가구와 반려동물 수도 증가하고 있다. 한국농촌경제연구원에 따르면, 특히 반려동물을 가족처럼 키우는 펫펨족이 2023년 1500만 명에 달한다고 한다. 이러한 상황에 발맞춰 반려동물과 동행하는 여행시장이 활짝 열리고 있다. 펫펨족이 대체로 선호하는 여행지는 반려동물과 편하게 동행할 수 있는 근거리 지역이다. 연예인이 반려동물과 함께 서울 근교 반려동물 동행 캠핑장을 방문하는 TV 예능 프로그램을 본 적이 있을 것이다. 1박2일 코스로 편하게 다녀올 수 있다는 장점 때문에 서울 근교 소지역에 반려여행이라는 새로운 시장이 열리고 있다. 수도권 인근 지자체는 고향사랑기부제(고향세) 프로그램으로 이러한 여행시장을 설계해보면 어떨까? 공공 반려동물 문화센터나 캠핑장을 건립하고 답례품으로 정기 이용권을 증정하는 방식을 생각해볼 수 있다. 또한 기부금을 동물복지 강화 프로그램에 사용할 수도 있고, 지속적인 재방문과 관계인구화를 목표로 주변에 관광 인프라를 확충하고 다양한 콘텐츠를 제공할 수도 있다. 이와 같은 설계방식은 반려문화를 향유하는 동류그룹의 기부를 이끌어내는 데 매우 효과적일 것으로 판단된다.

수도권과 거리가 먼 지역은 지역 특색을 활용하면 좋을 것이다. 다른 지역에서는 쉽게 볼 수 없는 자연경관이나 전통문화 등을 고향세와 연결하면 지역에 새로운 활기가 생길 것이다. 일본 홋카이도 몬베츠시는 인구 2만명의 소지역인데 2021년에 고향납세를 무려 153억엔(1,530억원)이나 모금했다. 시 예산의 절반에 해당하는 금액이다. 놀랍게도 몬베츠시는 기후보호 캠페인으로 100억엔이 넘는 고향납세를 모금했다. 핵심 성공요인은 독특한 지리적 이점에 있다. 홋카이도 북동쪽은 오호츠크해에 접해 있는데, 홋카이도에서도 북쪽에 위치한 몬베츠시는 매년 1~3월 동안 오호츠크해에 유빙이 떠다닌다. 시에서는 답례품으로 쇄빙선을 타고 바다 위 빙하를 감상할 수 있는 유빙투어를 기획했는데, 이 투어가 일본인들에게 폭발적인 인기를 끌었다. 빙하를 보며 환경보호의 중요성을 생각할 수 있고 지역 해산물을 즐길 수도 있다. 그야말로 지리적 이점을 최대한 활용한 영리한 전략이라고 할 수 있다. 몬베츠시 주변에는 오무초, 오콧페초, 유베쓰초, 기타미시, 아바시리시가 있다. 즉 유빙을 감상할 수 있는 지역이 여러 군데이다. 그중에서도 몬베츠시는 지역적 이점을 빠

[유빙을 감상하며 여행을 즐기는 홋카이도 방문객들]

출처: https://www.tabirai.net/activity/hokkaido/driftice/area_mombetsu/

르게 선점해 고향납세와 연결하는 전략으로 다른 지역에 비해 압도적으로 많은 기부를 이끌어냈다고 평가할 수 있다.

지역자원을 활용한다고 해서 지리적 이점만 활용하는 것은 아니다. 또 하나의 자원인 인적자원을 활용하는 전략도 필요하다. 일본 도야마현 구로베시는 지역 배구팀과 협력한 매우 독특한 답례품으로 주목을 끌었다. 1998년 창단한 '구로베 아쿠아 페어리즈(Kurobe Aqua Faries)'는 일본에서 상당히 인기 있는 여자배구단이다. 이에 착안한 구로베시는 가장 인기 있는 선수가 스파이크한 공을 기부자가 리시브하는 답례품을 내놓았다. 체험 금액은 5만엔(약 50만원)으로 다소 부담스럽게 느껴질 수 있다. 이런 금액을 내고 참여할 사람이 있을까? 하는 의구심이 들겠지만, 의외로 폭발적인 반응을 이끌어냈다. 배구팀 자체가 기본적인 팬덤을 보유하고 있고, 배구 꿈나무들의 참여도 이어졌다. 또한 스포츠를 즐기는 마니아들 역시 체험 신청을 했다. 구로베시는 '배구'라는 지역자원을 고향납세 모금 전략으로 활용한 좋은 사례이다. 또한 원하는 선수의 사인공을 받을 수 있는 답례품도 인기를 끌고 있다. 오사카 히라카타시 역시 남자배구단과 함께 리시브 답례품을 선보였는데 1분 만에 매진되었다.

국내 여러 지역에서도 이와 같은 아이디어를 활용할 수 있지 않을까? 각 지역에 연고를 둔 인기 스포츠팀을 고향세와 연결해

[도야마현 구로베시의 배구단 사인볼 답례품]

출처: https://www.furusato-tax.jp/product/detail/16207/5969459?query_id=

[오사카 히라카타시의 배구단 리시브 체험 답례품]

출처: 유튜브(https://www.youtube.com/watch?v=mGb5h_OwUK0)

체험형 답례품을 기획하는 것이다. 스포츠팀처럼 조직화된 자원이 없다면 지역 출신 유명인과의 협업도 적극적으로 고려할 수 있다. 그 인물의 팬층이나, 활동영역에 관심 있는 사람을 기부로 유도할 수 있는 좋은 방법이다.

여기서 가장 중요한 전략 포인트는 관계인구 확장이다. 한 번으로 그치는 체험이 아니라 지속적인 방문인구로 연결해야 하기 때문이다. 관계인구를 확장하기 위해서는 지역과 밀접하게 접촉할 수 있는 지점을 확대해야 한다. 구로베 아쿠아 페어리즈의 사례는 단순한 답례품이 아닌 '체험형 답례품'이라는 점이 중요하다. 답례품을 받으려면 반드시 그 지역을 방문해야 한다. 방문객이 단순히 체험만 하고 돌아가는 게 아니다. 지역의 음식을 먹고, 지역의 문화를 체험하고, 다양한 활동을 병행한다. 이 과정에서 장기적인 관계가 형성된다. 지역에 대한 관심은 다른 프로그램에 대한 관심으로 이어질 가능성이 높다. 1년에 기부금 10만 원은 모두 돌려받는 금액이다. 따라서 출향민이 아닌 사람은 자신이 관계 맺는 지역에 기부를 지속할 확률이 높다.

필자는 여러 지자체에서 요청을 받고 공무원들에게 고향세를 강의했다. 그때마다 "제일 먼저 누구에게 기부를 유도하면 좋겠는가?"라는 질문을 받는다. 그러면 공무원들에게 이렇게 묻는다. "이곳에 거주하지 않는 분들 손 한번 들어주세요." 대부분 절반 가까이 손을 든다. 그들에게 필자는 이렇게 말한다. "바로 이 분들입니다." 필자가 이렇게 이야기하는 이유가 있다. 그들은 일주일 중 닷새를 거주지가 아닌 타지역으로 출근한다. 그 지역에서 점심을 먹고 미팅을 하고 차를 마신다. 다시 말해 그들은 이미 해당 지역과 깊은 관계를 맺고 있는 관계인구이다. 따라서 이들을 1차 기부 대상자로 삼는 것은 매우 자연스러운 전략이라고 할 수 있다.

그 다음에는 이들에게 지역적 인센티브로 무엇을 제공할지 고민해야 한다. 멀리 타지역에서 오는 방문객보다 이들이 지역자원을 활용할 여지가 크다는 점에서 지역 내 소비를 유도하는 전략이 필요하다. 예를 들면 특별한 관광 답례품보다 상품권이나 할인권 같은 답례품이 이들에는 더욱 매력적이고, 기부 만족도도 높을 것이다. 이들에게는 1년에 한 번도 가지 않는 지역에 기부하는 것보다 자신이 늘 가는 지역에 기부하는 것이 합리적인 판단이라 할 수 있다. 그와 같은 심리적 지점을 자극하는 것이 중요하다. 여기에 기부자가 직접적인 수혜를 받을 수 있는 기부 프로그램을 연결하면 어떨까? 워킹맘이라면 다양한 보육지원이 있을 것이다. 공공시설을 정비해 생활편의를 향상하는 전략도 있다. 지역에 매일 찾아오는 관계인구에게 어떤 혜택을 줄 수 있는지 고민해야 한다. 기부자 본인이 그 혜택을 받는 당사자라

[중장기적 기부자의 지역관계 전략]

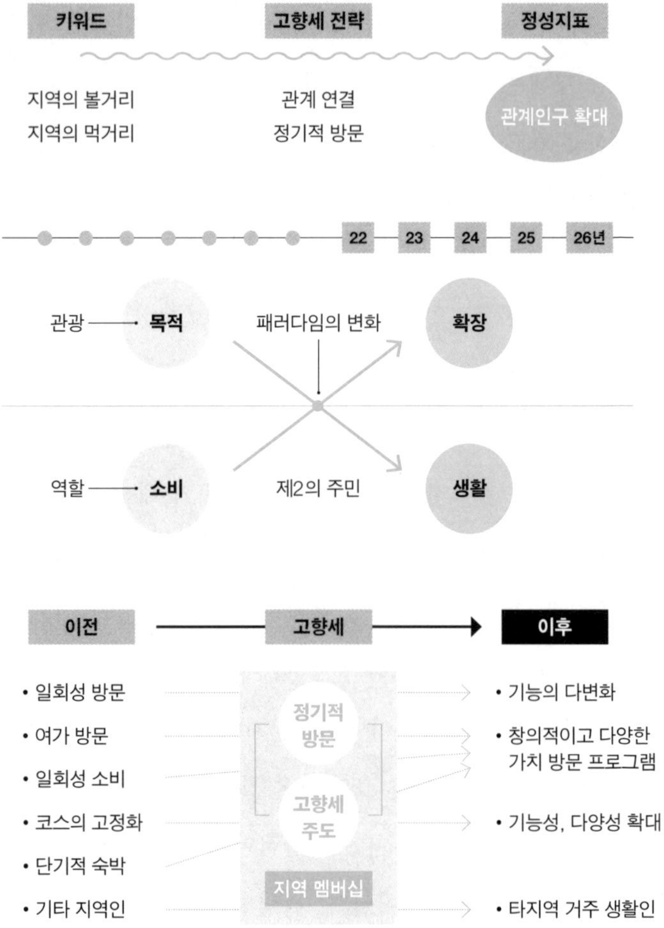

면 굳이 다른 곳에 기부할 이유가 없다. 이런 점에서 고정 기부가 지속적으로 발생하리라는 기대를 걸 수 있다.

정리하면 핵심은 두 가지다. 첫째, 지속적으로 체류시간을 늘려가는 것이다. 체류시간 연장은 횟수 개념과 시간 개념으로 구분할 수 있다. 1년에 한 번 정도 방문하는 사람이 1년에 두 번, 1년에 세 번, 점진적으로 방문 횟수를 늘리도록 유도하는 전략이다. 이를 위해 이들의 재방문을 유도할 만한 매력적인 인센티브가 필요하다. 한편, 시간 개념은 한 번 방문했을 때 머무르는 시간을 연장하는 것이다. 이전에 무박으로 당일여행을 왔다면 다음에는 1박 2일로, 또 다음에는 2박 3일로 연장하여 지역과 더욱 깊은 관계를 맺도록 여행코스를 기획해야 한다. 이들의 체류와 소비는 지역에 큰 활력이 될 것이다. 둘째, 관계인구의 소비 증대이다. 예를 들어 해당 지역 직장인이 업무를 마치고 여가를 보내기 위해 다른 지역으로 이동하는 것이 아니라 그 지역에서 더 오래 머물도록 유도하는 것이다. 생활 속 혜택을 제공하면 그만큼 지역 소비가 늘어난다. 앞서 이야기한 대로 답례품으로 지역 상품권, 할인권, 체험권 등을 기부 답례품으로 제공하면 지역에 기부도 하고 소비도 하는 사이클이 구축된다.

그렇기 때문에 우리 지역 방문자가 어떤 유형인지, 왜 방문하는지를 면밀히 분석하는 것이 중요하다. 지역과 관계를 맺는 인구는 크게 세 가지로 분류할 수 있다. 첫 번째는 특수관계 인구이다. 지역에 거주하지도 않고 생활하지도 않지만, 지역을 정기적으로 방문하고 찾아오는 특별한 관계를 맺은 사람이다. 군복무 중인 장병가족들이 대표적인 예이다. 이들을 위한 고향세 전략으로는 장병우대 프로그램이나 시군 차원의 복지 프로그램을 지정기부와 연결하면 어떨까? 수혜자가 내 가족이라면 기부 참여가 더욱 늘어날 것이다.

두 번째는 특정 생활인구이다. 해당 지역에 거주하지는 않지만 대부분의 시간을 보내는 인구이다. 이들은 대부분 직장인이나 사업자일 것이다. 이들이 평소 바라는 것은 무엇일까? 우선적으로 생활편의를 꼽을 수 있다. 따라서 이들에겐 필요시설 증축을 위한 기부 전략이 주효할 것이다. 교통·보건 등 생활 SOC 개선은 곧 지역에서의 삶의 질 역시 개선된다는 것을 의미한다.

세 번째는 특정 지역 인구이다. 필자는 여러 지자체와 고향세 전략을 수립하면서 소지역일수록 타지역에서 유입되는 인구가 많다는 사실을 알 수 있었다. 즉 정주인구보다 관계인구 비율이 높다. 이는 인근 대도시에서 유입된 인구가 가장 많다는 의미이기도 하다. 예를 들어 강원도 양구군은 일주일 동안 강원도 춘천시에서 방문하는 인구가 전체의 36%였다. 이를 포함해 강원도 인근 지역에서 유입된 인구는 60% 이상이었다. 따라서 이들을 대상으로 고향세 전략을 설계하는 것이 가장 효율적인 접근법이다. 하지만 대다수 지자체는 수도권에 거주하는 출향민에게 초점을 맞추어 고향세를 홍보한다. 이런 홍보 방식이 전혀 무의미하지는 않지만, 해당 지역과 관계 맺는 인구가 많은 지역의 주민들에게 초점을 맞춘다면 좀 더 실효성 있는 성과를 거둘 수 있을 것이다. 이들을 타깃으로 하여 이들의 만족도를 높이는 기부 전략이 장기적으로 지속되는 안전한 모금을 이끌어낼 것이다. 왜냐하면 지역과 이들의 관계는 계속될 것이고, 고향세를 매개체로 하여 그 관계가 더욱 깊어질 수 있기 때문이다. 인근에서 유입되는 지역민들에게 더 많은, 더 특별한 혜택이 돌아갈 수 있도록 프로그램을 설계하고 답례품 등으로 실질적인 인센티브를 제공한다면, 굳이 다른 지역에 기부하는 것보다 관계를 맺고 있는 지역에 기부하는 것이 합리적인 선택이다.

더 나아가 고향세 기부자가 지역의 새로운 주인이 되도록 유도하는 전략도 중요하다. 일본 히가시카와초는 혁신적인 기부자 관리로 인구소멸 위기에서 벗어나는 성과를 거두었다. 지난 4월 한국을 방문한 요시하라 노리하루 히가시카와초 경제진흥과장은 국내 언론과의 인터뷰에서 고향세의 성공은 지역 차별화에 있다고 말하며, 기부자를 함께 마을을 가꾸어 나가는 마을 주주로 대접하여 큰 성공을 거두었다고 설명했다. 직접 마을기획에 참여할 권한을 주고 한정판 상품을 답례품으로 제공하는 등 정성을 들인 결과, 마을이 사라질 위기를 극복하고 인구가 늘어나는 성과를 거둘 수 있었다는 것이다. 고향세는 기부 전략과 지역 전략이 함께 가야 하는 이유를 설명해주는 대목이다. 홍보 전략 또한 여기에 맞추어 기획해야 한다.

[특정 지역 인구: 표본분석 및 전략홍보]

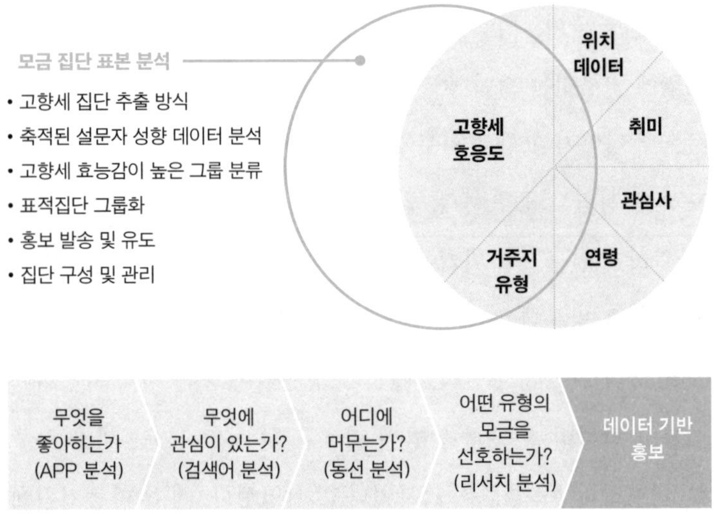

민관 협력이 핵심이다

국내는 아직 민간플랫폼 활용이 불가능한 상황이다. 그러나 이는 시간문제라고 본다. 많은 지자체의 요구로 정부에서도 민간플랫폼 활용방안을 적극적으로 고민하고 있기 때문이다. 민간플랫폼이 활성화되면 기부 설계에서부터 답례품 기획, 전략 홍보를 위탁 대행할 수 있기에, 지자체 실무자들에게 업무 경감 효과가 분명히 나타날 것이다. 또한 폭발적인 시장 확장이 예상된다. 일본은 제도 시행 초기 약 5년간은 제도가 크게 활성화되지 않았다. 중앙정부가 주도한 홍보는 큰 효과를 보지 못했으며, 각 지자체 또한 새로운 제도의 활용방식을 두고 혼란이 많았다. 또한, 각 지자체 정보를 개별적으로 찾아 우편으로 두세 번 신청해야 하는 불편함 때문에 제도 활성화는 더욱 어려웠다.

그러다가 2013년 '후루사토초이스'라는 민간기업이 등장하면서 흐름이 크게 바뀌었다. 후루사토초이스는 고향납세 제도 활성화로 '지역을 건강하게 만들자'는 사명감을 가진 사회적 기업 '트러스트뱅크'가 운영하는 민간플랫폼이다. 후루사토초이스의 등장으로 일본 기부자는 인터넷에서 모든 지자체 정보를 한눈에 보면서 자신이 기부하고 싶은 곳을 선택할 수 있게 되었다. 기부 편의성이 높아지면서 이용자가 늘어나자 중앙정부에서도 공제혜택 상향조정과 원스톱 특례제도(간편 세액공제 제도) 개설 등 제도보완을 위해 노력한 결과, 2023년에는 총 기부액이 100배가 넘는 규모로 성장하였다.

현재 고향납세 제도를 관리하는 총무성은 고향납세 제도 소개 페이지만 운영한다. 공공플랫폼 하나만 운영하는 한국과는 상당히 다른 접근방식이다. 기부홍보를 대행하는 플랫폼은 40여 개 민간플랫폼에서 제 역할을 충실히 하고 있기에 일본은 공공플랫폼이 꼭 필요한 상황은 아니다. 또한 배송대행, 고향납세 업무관련 행정서비스 대행, 답례품 개발, 발주관리 등 고향납세에서 파생된 모든 업무와 관련된 다양한 민간서비스가 공존하면서 고향납세 활성화에 기여하고 있다.

이렇듯 일본은 민간플랫폼을 중심으로 한 활발한 민간참여가 핵심 성공요인이라고 볼 수 있다. 반면 국내는 행정안전부가 개설한 공공플랫폼 하나만 활용할 수 있다. 다시 말해 고향사랑기부제 시장 자체를 정부가 독점하고 있다. 일본은 각 지자체가 운영하는 자체플랫폼과 민간기업이 참여하는 민간플랫폼이 다양하게 공존한다. 지자체 자체 플랫폼을 운영 중인 미야자키현 미야코노조시는 2021년 기준 135억엔, 홋카이도 몬베츠시는 134억엔, 야마가타현 후지요시다시는 58억엔 정도를 모금했

[일본 민간 모금플랫폼 현황]

민간플랫폼 활용으로 고향납세 모금 활성화

플랫폼 이용 현황	지자체	모금액	순위	등록 플랫폼 수
민간플랫폼	홋카이도 네무로시	125억엔	3위	5개
	야마가타현 사가에시	57억엔	6위	5개
	효고현 카사이시	53억엔	8위	9개
자체 플랫폼 운영 (결제 ○)	미야자키현 미야코노조시	135억엔	1위	6개
	홋카이도 몬베츠시	134억엔	2위	21개
	야마가타현 후지요시다시	58억엔	5위	5개
	시즈오카현 야이즈시	52억엔	9위	7개
자체 플랫폼 운영 (결제 X)	홋카이도 시라누카초	97억엔	4위	13개
	효고현 스모토시	54억엔	7위	12개

※ 고향납세 성장과정: 민간플랫폼 등장과의 상관관계

- 2008-2011년: 제도 시행 이후 모금액은 100억엔 수준
  - 제도 홍보 미미, 지자체의 낮은 참여, 기부방식의 복잡성
- 2012-2013년: 민간플랫폼 '후루사토초이스' 등장 - 모금액 50% 상승
  - 2011년 자기부담액 하향 조정, 동일본대지진 재해의연금에 고향납세 활용
- 2014-2015년: 민간플랫폼 등장하며 고향납세 인지도 확대
  - 2014년(사토후루, 후루나비), 2015년(라쿠텐 후루사토납세)
- 2015년: 사용자 접근성·편의성 대폭 향상, 모금액 전년 대비 400% 증대
  - 원스톱 특례로 세액공제가 간편해짐 / - 민간플랫폼에서 신용카드 결제 가능
- 2021년: 일본 1,621개(전체의 90%) 지자체가 '후루사토초이스'를 비롯한 민간플랫폼 이용 - 8천 3백억엔 규모 모금 달성

다. 민간플랫폼을 활용하는 홋카이도 네무로시는 125억엔, 야마가타현 사가에시는 57억엔, 효고현 카사이시는 53억엔을 모금했다. 한화로 최소 500억원에서 최대 1,300억원이 넘는 규모이다. 일본 역시 제도 초기 2011년까지는 전체 모금액이 100억엔 수준에 불과했고, 2012년 민간플랫폼인 후루사토초이스가 등장하면서 모금액 규모가 50% 상승했다. 이를 시작으로 사토호루, 후루나비, 라쿠텐 등 다양한 민간플랫폼이 등장하면서 모금액 규모가 400% 상승했다. 2023년 일본 1,621개 지자체(전체의 90%)가 민간플랫폼으로 모금한 금액은 무려 8,300억엔 규모이다.

이와 같은 성공요인은 무엇일까? 첫째, 민간플랫폼은 사용자 편의성을 신속하게 개선한다. 기부플랫폼과 이커머스 시장은 기술 발전속도가 매우 빠르다. 민간기업들은 이를 신속히 흡수하고 기술 개선에 뛰어난 대응력을 보여준다. 두 번째, 민간플랫폼은 자체적으로 창의적인 마케팅과 영업을 시행한다. 매력적인 지정기부 프로그램을 개발하고, 지역 차별성을 살린 답례품을 기획한다. 이런 전문성은 정부 주도로는 불가능하다. 마지막으로, 공무원의 업무가 줄어들고 행정 부담이 최소화된다. 그로 인해 공무원은 사업을 감사하고 제도를 보완하는 본연의 일에 집중할 수 있다. 조례를 세우고 정책을 집행하고 현장에서 시민들을 만난다. 상식적으로 공무원이 직접 지정기부를 기획하고 답

[고향납세 민간플랫폼 업무 프로세스]

공무원 업무 기하급수적 증가+모객/마케팅 등 전문 영역에서의 기능적 한계 발생
이후 일본은 고향납세 운영의 상당 부분을 민간에 위탁하는 형태로 발전

단계별 주요 업무 프로세스

지역 문제 발굴 → 모금 콘텐츠 기획 → 답례품 업체 발굴 → 답례품 업체 선정 → 답례품 기획 → 기부 트렌드 분석 → 모객 홍보 → 마케팅 전략 수립 → 답례품 관리 → 주문 접수 → 답례품 발송 확인 → 기부자 관리 → 세제 행정 업무

답례품 구성 등 사전준비 | 플랫폼 선정 & 프로젝트 등록 | 모금 개시 & 답례품 발송 | 기부증서 발송 & 세액공제 업무 처리

- CHECK1 행정의 업무 부담 경감 필요 : 홍보/모금 등의 분야에서 민간 전문성을 적극적으로 활용함으로써 행정의 업무 부담 경감과 제도 시행 효과성 상승
- CHECK2 제도 활성화 : 다양한 플랫폼 운영을 통한 이용자 편의성 증대 필요 (같은 상품을 한 쇼핑몰에서 파는 것보다 여러 쇼핑몰에서 판매하는 것이 판매량을 극대화)
- CHECK3 지자체의 적극적 참여 유도 : 고객 요구에 맞춰 다양한 방식으로 구현된 민간플랫폼은 지자체의 적극적 / 차별적 제도 활용을 촉진함

례품을 개발하는 것이 가능한가? 결론적으로 일본은 고향납세의 속성을 깊이 이해하고 민관이 함께 고향납세를 이끌어나가는 방향으로 유도하였다.

국내에서 고향사랑기부금과 기부금품 모두 공개된 장소에서 모금이 가능하다고 명시되어 있다(각각 고향사랑기부금법과 기부금품법에 의거). 하지만 기부금품은 길거리 모금과 온라인 모금이 가능한 반면, 고향사랑기부금은 둘 다 불가능하다. 이

는 정치자금법상 후원금과 비교해도 매우 불공정함을 알 수 있다. 정치자금법 제14조(후원금 모금방법) 제1항에 후원회는 우·통신(전화, 인터넷전자결제시스템 등을 말한다)에 의한 모금을 할 수 있음이 명시되어 있다. 특히 거물급 정치인은 후원금을 모집할 때 '○○○펀드'라는 이름으로 독자적 플랫폼을 만들어 각종 포털에 광고를 하는데, 단 하룻만에 수십억원을 모금해 목표치를 조기 달성하기도 한다. 각종 모금단체는 네이버 해피빈, 카카오같이가치 등 온라인 플랫폼을 활용해 모금을 진행한다. 정치자금법과 기부금품법 모두 온라인 민간 플랫폼을 활용한 모금이 가능한 것이다.

대표적인 정치후원금 모금플랫폼으로 토스와 도너스가 있다. 그동안 정치후원금을 기부하려면 각 의원실이나 정당 후원회에 직접 연락하거나 별도의 후원금 계좌에 입금해야 했다. 다시 말해 후원자가 직접 찾아서 기부를 해야 했다. 이는 소액후원을 어렵게 하는 장애요인이다. 토스는 앱 하단에 정치후원금 보내기 메뉴를 만들어 누구나 원하는 정치인에게 손쉽게 기부할 수 있게 했다. 메뉴에 들어가 기부할 곳을 선택하고 기부금액을 입력한 다음, 기부금 영수증 발급을 위한 정보만 입력하면 된다. 이렇게 간편한 시스템이 등장하면서 정치후원금이 보다 빠르게 모이고 더 많은 이들의 후원이 이루어지고 있다. 후원회 반응도 매우 긍정적이다. 연말정산시 기부금 세액공제를 위해 후원자 개인정보를 일일이 확인해야 했는데, 모금플랫폼이 이와 같은 행정적 불편함을 해소한 것이다.

한편, 도너스는 2022년 지방선거 당시 '정치인 전용 모금플랫폼'을 개설해 운용했다. 일종의 정치인 지정기부함으로 그동안 유권자들이 몰랐던 정치인의 장점을 소개하고, 어떤 공약에 어떻게 기부금이 쓰이는지 명확하게 공개됐다. 이와 같은 도너스의 후원금 모금 패키지는 비효율적이었던 정치기부금 관행을 크게 개선했다. 특히 후원이 절실한 젊은 정치인들에게 더욱 유용했는데, 2030 유권자가 이질감 없이 참여할 수 있도록 유도했기 때문이다. 후보자는 개인의 스토리를 담은 후원모금 페이지를 만들어 실시간 달성률을 공개했다. 후원참여가 더욱 쉬워졌고, 후원자 정보가 연동되어 이후 세액공제를 위한 정치자금 영수증 신청도 더욱 간편하게 처리할 수 있었다. 고향사랑기부제(고향세)도 이와 같은 방식으로 혁신이 이루어져야 한다.

깨끗하고 공정한 정치를 위한 정치후원금이나 사회취약계층을 돕기 위한 기부금 못지않게 고향사랑기부금도 중요하다. 고향세는 지역소멸이라는 국가적 위기에 비상대응하기 위해 실시한 제도이다. 비상한 시국에는 비상한 방법이 필요하다. 그렇게 탄생한 고향세이다. 본래 취지에 맞는 효과를 거두기 위해서

홍보 가능 범위 확대, 상한액 폐지, 법인 기부 허용, 접수 정보시스템 다양화 등 제도 활성화를 위해 다양한 방안을 다룬 법률안 입법 진행 중

2021.09.28 이원욱 의원 등 10인 - 고향사랑 기부금에 관한 법률안	20222.05.24 정우택 의원 등 10인	22.07.05 위성곤 의원 등 10인	2022.09.29 이채익 의원 등 10인
2022.10.12 윤준병 의원 등 10인	2022.10.28 ②윤준병 의원 등 10인	2023.01.09 한병도 의원 등 10인	2023.02.20 이형석 의원 등 12인
2023.02.28 김성원 의원 등 11인	2023.03.31 김영주 의원 등 10인	2023.04.10 김용민 의원 등 16인	2023.04.10 민형배 의원 등 11인
2023.04.10 전봉민 의원 등 10인	2023.04.27 김승남 의원 등 10인	2023.05.26 양정숙 의원 등 10인	2023.07.03 양정숙 의원 등 10인
2023.08.22 김교흥 의원 등 11인	2023.09.04 조정식 의원 등 10인	2023.09.14 정우택 의원 등 21인	

① 정우택 의원 등 10인(2022.05.24)

고향사랑 기부금을 모집하는 방법으로 개별적인 전화, 서신 또는 전자적 전송 매체의 이용을 허용함으로써 고향사랑 기부금 모금 활성화를 도모하고자 함

② 윤준병 의원 등 10인(2022.10.28)

모금 주체를 기초 지방자치단체 중 행정안전부 고시로 지정하는 '인구감소지역'으로 한정하는 한편, 모금 대상에 (…생략…) 주된 사무소의 소재지가 해당 지자체에 있지 않은 법인도 포함

③ 한병도 의원 등 10인(2023.01.09)

개인별 기부금액 상한액 제한을 폐지하여 기부 활성화를 도모하고, 공무원의 기부 또는 모금 강요 및 권유·독려 조항을 삭제하여 조문을 정비하려는 것

④ 민형배 의원 등 10인(2023.04.10)

고향사랑기금의 지원 대상에 사회적기업, 중소기업, 여성기업 및 장애인기업을 명시, 아울러 답례품의 범위에 해당 기업 등이 생산·제공하는 물품도 포함. 기업 지원강화를 통한 실질적 지역 경제 활성화를 도모하기 위한 것

⑤ 김승남 의원 등 10인(2023.04.27)

지방자치단체가 고향사랑기금의 목적과 부합하는 사업을 계획하여 필요한 경비를 모금할 수 있도록 하고, 기부자는 사업·목적을 지정하여 기부할 수 있도록 규정하는 한편, 전화, 서신, 또는 전자적 전송매체를 이용한 모금을 허용하도록 규정함으로써 고향사랑기부제의 활성화 및 지역균형발전을 도모하려는 것

⑥ 조정식 의원 등 10인(2023.09.04)

법인·단체의 경우에도 그 소재지 외의 지방자치단체에 대하여는 고향사랑 기부를 허용하고, 지방자치단체가 전화·서신·방문 및 사적 모임 참석 등을 통하여 모금을 할 수 있도록 하며, 연간 기부액 상한을 대통령령에서 탄력적으로 정하도록 하고, 기부금 접수를 위한 정보시스템을 다양한 주체가 운영할 수 있도록 하는 등 고향사랑기부제 활성화를 위한 각종 제도개선을 도입하려는 것

는 최소한 정치자금법과 기부금품법에 준하는 방식과 절차가 허용되어야 한다. 고향세 성공을 위해 반드시 필요한 조치이다. 다행스럽게도 2023년 국회에서 활발한 개정 입법이 이루어졌고, 보다 적극적인 홍보방법이 필요하다는 데 공감대가 형성되고 있다. 이에 발맞춰 지자체 역시 철저한 사전준비를 하면 좋을 것이다.

일본은 각자 역할에 맞게 공공플랫폼과 민간플랫폼을 유기적으로 운영해왔다. 일본 정부는 주로 고향납세 원스톱 특례제도, 지방창생 응원제도 등 정책을 마련하고, 지역 내 민간조직은 정책 홍보와 마케팅에 집중했다. 앞서 말한 대로 공공이 모든 실무를 진행하기에는 한계가 있었다. 일본 역시 초기에 공무원 행정과부화가 업무 부담으로 이어졌다. 다행히 민간플랫폼이 등장하면서 이런 문제가 보완되었는데, 답례품을 올리고 복잡한 분석이 필요한 지정기부를 GCF(거버먼트 클라우드 플랫폼, Government Cloud Platform) 시스템 등을 도입하여 해결했기 때문이다.

공공은 의사결정에 시간이 걸리기 때문에, 특히 지역에 재해이슈가 발생했을 때 신속한 대응이 어렵다. 일본은 민간 전문가에게 이를 위탁하여 급작스러운 재난에 빠르게 대응할 수 있었다. 민간은 재난·재해 발생시 24시간 내 지정기부 모금함을 만들어 홍보함으로써 신속하게 지자체를 도왔다. 이와 같은 일본 방

[GCF(거버먼트 클라우드 플랫폼) 시스템]

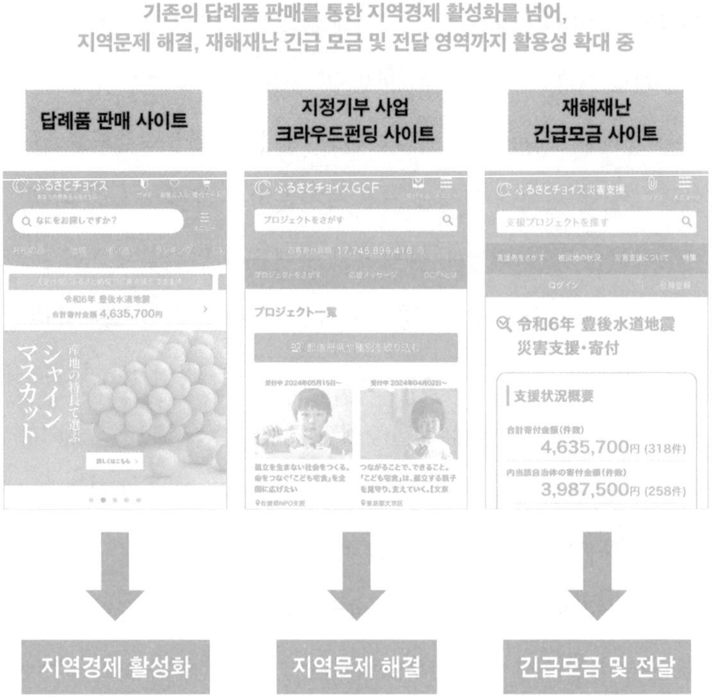

식을 한국도 배워야 할 것이다.

2022년 12월 발생한 폭설로 재해를 입은 에히메현 구마코겐초는 민간플랫폼에서 긴급 고향납세 모금을 시작했다. 후루사토초이스는 폭설 이후 발 빠르게 재해지원 모금 채널을 오픈해 '재해긴급기부신청'을 받았다. 가고시마현 이즈미시는 2022년

11월에 조류독감 9건이 발생해 산란계 40%에 해당하는 120만 마리를 살처분해야 했다. 이즈미시는 양계농가를 지원하기 위해 고향납세를 활용한 기부금을 모집했다. 모인 기부금은 농가에 수산화칼슘과 소독액 배부, 차량 소독 등 방역대책에 사용했다. 이즈미시는 이 일 또한 민간플랫폼 '후루사토초이스'와 함께했다.

이러한 사례에서 보듯, 공공이 민간플랫폼과 함께 긴급모금을 진행하는 이유는 신속하고 효과적으로 모금 목표를 달성하기 위해서이다. 지역에 긴급상황이 발생하면 지역 공무원은 대책을 마련하고 발 빠르게 움직여야 한다. 민간 전문가는 지자체를 돕기 위해 효과적인 모금 아이디어와 방향을 제시하고 이슈에 곧바로 대응한다. 지자체는 이들에게 고향납세 모금을 위탁하고, 피해자 지원을 위한 행정업무 등을 수행한다. 국내 고향세도 민관이 협력하여 정부가 할 수 있는 세액공제 간편서비스 제공이나 제도 홍보는 관에서, 지역과제 발굴 및 대중의 공감을 얻어 기부를 유도하는 홍보대행은 전문성을 지닌 민간이 협력해서 진행해야 한다.

한국은 한해 평균 14조원 규모의 기부가 이루어지는 나라이다. 개인기부는 약 9조원가량이다. 1인당 100만원이 훌쩍 넘는 액수로, 선진국과 비교해도 결코 뒤지지 않는 기부 규모이다. 이렇게 많은 기부금이 모이는 이유는 이웃을 돌보는 마음이 살아

[온라인 기부플랫폼으로 기부문화 혁신]

온라인 플랫폼을 기반으로 한 기부방식 지속적 증가 추세
빠르게 이슈에 접근하고, 과정을 공유하고, 참여자들과 소통하는 방식 선호

기부방식별 누적기부금액

- 최근 5년(2016~2020년)간 누적액이 가장 많은 방식은 유산기부로 총 5,441억원으로 조사됨
- 전통적 모금방식인 ARS나 거리모금은 고액기부, 지로기부 등에 비해 적은 금액이 산출됨
- P2P, 팬덤기부, 크라우드펀딩 등 IT기술을 바탕으로 한 온라인 플랫폼 이용 기부가 5년간 증가한 것으로 확인

기부방식별 총액 연도별 변화

- 최근 연도별 총액 변화량 중 비교적 큰 증가폭을 보인 순서는 크라우드펀딩 〈ARS〈팬덤기부〈P2P로 나타남
- 동일기간 대면방식의 기부방식(대면모금, 거리모금 등)은 변화 폭이 미미하거나 감소한 반면 위의 4가지는 증가했는데, 이들은 비대면이면서 온라인 플랫폼과 연결되어 있다는 공통점을 가짐
- 특히 가장 큰 증가폭을 보인 P2P는 SNS를 통해 기존 모금기관보다 더 빠르게 이슈를 제안하고 확산하는 경향이 있으며, 참여자는 쌍방향 의사소통을 바탕으로 모금과정 중 공동체적 연대감을 경험하는 장점 보유

스마트폰 앱과 모바일 플랫폼으로 기부 기반이 확장되는 추세
사회문제도 해결하고 이를 당당히 자랑할 수 있는 멋진 '문화'로 정착 중

'아프리카에 빨간 염소 보내기' 캠페인

- 2010년부터 시작된 '아프리카에 빨간 염소 보내기' 캠페인
- 아프리카 주요 생계수단인 염소를 보내 가정생계를 회복할 수 있도록 지원하는 프로젝트
- 2만원 정기후원, 혹은 10만원 일시후원을 할 경우 빨간 염소 캐릭터로 만든 다양한 굿즈를 제공
- 키링의 경우 고유 시리얼넘버를 제공해 세상에 하나밖에 없는 상품이라는 점을 강조하여 기부자의 관심 유도

'헬렌' 목소리 기부 플랫폼

- 사용자가 목소리를 기부할 수 있는 오픈 더빙 플랫폼
- 노트북과 이어폰만 있으면 시공간 제약 없이 누구나 참여 가능
- 시각장애인, 시약자들이 들을 수 있도록 유튜브 등 영상 콘텐츠에 더빙을 입히는 목소리 기부

'신생아 모자 뜨기' 캠페인

- 전 세계 생후 한달 내 사망하는 신생아는 260만명, 이중 70%는 손쉬운 조치만으로도 구제 가능
- 신생아의 체온유지를 위해 모자를 만드는 '신생아 모자뜨기 키트' 상품화

있기 때문이기도 하지만, 기부하기 편한 환경도 있다. 기부하기 쉬운 온라인 플랫폼에서 기부 관련 정보는 물론 세제혜택이나 후속관리가 간편하게 이루어지기 때문이다.

대표적인 온라인 기부플랫폼은 네이버 해피빈과 카카오같이가치로, 국내외 다양한 모금함이 열려 있다. 공신력 있는 NPO는 자유롭게 모금함을 열어 자신들의 활동을 홍보한다. 여기에는 몇 가지 원칙이 있다. 구체적으로 어디에 어떻게 쓰일지가 명확해야 하고, 기부자에게 사후보고를 의무화하고 기부 결과를 자세하게 공유해야 한다. 기부플랫폼에서도 이런 정보가 실시간으로 노출된다. 기부자의 기부 효능감을 유지하여 재기부로 연결하는 힘은 이와 같은 투명한 시스템에서 나온다.

네이버 해피빈과 카카오같이가치 역시 간편하게 기부할 수 있는 프로세스가 기부 규모를 늘리는 핵심요인이다. 절차가 번거롭거나 여러 번 클릭해야 하고 기부자 정보 등 사전기입 작업이 많다면 중간에 기부를 포기하거나 시도조차 하지 않게 될 것이다. 두 플랫폼 모두 단 세 번 클릭으로 기부가 이루어진다. 자기가 원하는 지정기부함을 열 때 한 번, 금액을 정할 때 한 번, 그리고 기부완료 버튼이다. 정기기부나 나머지 추가정보는 선택사항이다. 현대사회에서 시간은 생산성 수치와 직접 연결되는 요소이다. 국내외 이커머스 시장 역시 고객이 빠르고 간편하게 주

[사가현의 NPO 지정기부제도 운영방식]

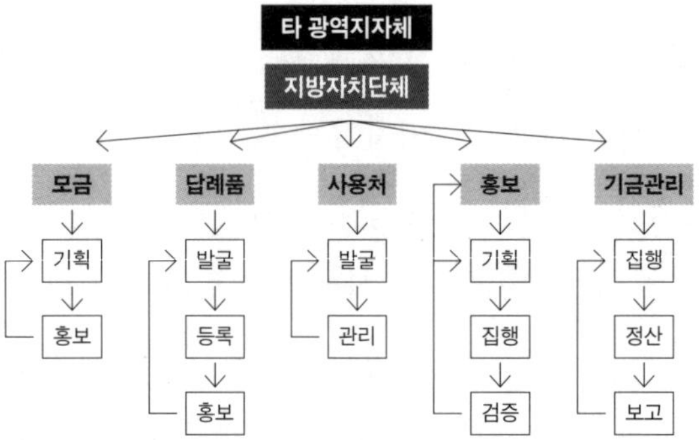

지자체 고향납세 업무 기하급수적 증가
- 모금/답례품/사용처/홍보/기금관리 등 기본업무 증가에 따른 부가업무 폭증

기부자 기대욕구 충족 여부에 대한 의구심
- 검증방법 부재
- 실적 감소에 따른 압박감 증가

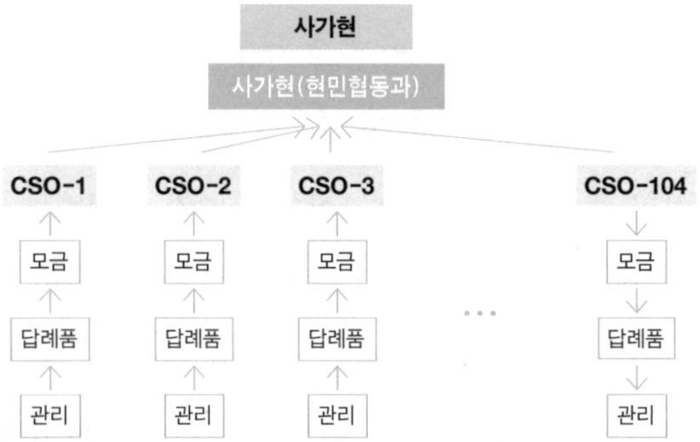

CSO?
- NPO, 임의단체, 자치회, 봉사단체, 주민조직, 민간조직 등을 포괄

프로세스
- 사가현: 기부자-지자체-CSO
- 기부자는 지자체에 기부, 지자체는 90%를 CSO에 교부, CSO가 기부자에게 답례품 제공 및 기부금 사용

실적
- 104개 CSO: 9억엔 모금
- 12개 NPO가 타지에서 사가현으로 이전

CSO 요건
- 사가현 내 소재(본사 또는 지사)
- 종교, 정치색을 띠어서는 안 됨(정관 확인)
- 10명 이상의 회원
- 직원 1인은 사가현 거주

법적 근거
- 사가현 조례: 기부금 교부 요강(기부금 사용처 관련 규정)

장점
- 표면적으로 CSO 협업업무가 증가한 것으로 보이나, 실제로는 대부분의 실무가 CSO에 이전되므로 업무 경감 효과가 있음
- CSO가 기부자와 직접 소통하며 사업관리를 하기 때문에 업무효율 및 기부 연속성 향상에 도움이 됨

[사가현의 NPO 지정기부 사례]

CSO가 활동주체가 되고, 기부자는 특정 CSO를 선택하여 기부 가능
난치성 제1형 당뇨와 같은 지역적 맥락과 상관없는 이슈를 주제로도 높은 모금액 달성

사가현 NPO - 일본 IDDM 네트워크

- 사가현에서는 NPO 법인 등의 단체를 지정해 고향납세를 기부함으로써 특정단체를 응원하는 의미로 자금 조달을 지원하는 형태의 구조 정착
- 일본 IDDM 네트워크는 비영리활동 법인으로 매일 주사 5~6회를 맞아야 하는 아이들을 고통에서 벗어나게 하기 위한 새로운 iPS세포 치료법 개발 프로젝트를 수행하는 단체

"제1형 당뇨병으로 고생하는 아이들을 위한 난치병 치료 연구 지원 프로젝트"

환자 이식을 위한 세포 가공시설 조성 | **새로운 iPS세포 치료법 개발 연구 지원**

모금액	2,016명으로부터 70,447,000엔
주요 내용	제1형 당뇨 난치병을 치료하기 위한 연구 지원
홍보방법	후루사토초이스 GCF 플랫폼 활용
답례품	• 메디컬 ID 손목 밴드 • 초콜릿 우유 • 재해 비축용 빵 • 인슐린 펌프 케이스 • 지역 특산물 쌀 • 메디컬 정보 캐주얼 팔찌 • 메디컬 정보 캐주얼 펜던트 • 1형 당뇨병 환자의 강의

[민관 거버넌스 구축으로 주민참여형 고향세 체계 수립]

상향식 소통구조 확립을 통한 주민체감 단계별 추진구조 실시, 주민 만족도 향상 극대화

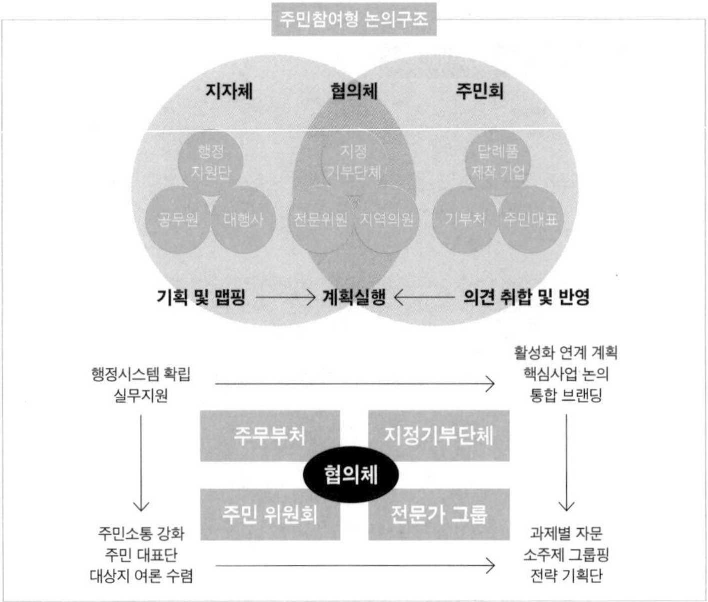

지자체 지역주민 중심의 소통을 통한 현장 체감도 상향

- 정책 시행에 대한 주민참여형 방식은 시민들이 정책 반영에 대한 현장 체감도를 높이는 방식으로 전략적 공공 커뮤니케이션에서 높은 효과성을 보여주고 있음
- 군민들이 직접 주도하고 현장 상황을 파악함으로써 정책에 대한 이해도를 극대화하고 이를 통해 군민 주목도를 높이는 방식으로 유도
- 고향세 사업에 중장기적 관점으로 현장 밀착형 사업을 추진하고, 세밀한 관리를 하도록 함
- 민관 협업을 통한 '지역 자생형' 활성화 사업으로 원활한 연결

주민역량강화를 통한 고향세 홍보 강화

- 군민, 상권, 행정기관 등의 원활한 소통 유지를 위한 주민 역량강화 교육 시행, 고향세에 대한 이해 역량을 강화함으로써 보다 효과적인 사업효과 발생
- 주민 이해도의 향상은 전체적인 지역역량 강화로 연결
- 파편적이고 단면적인 이해를 넘어 지역 전체 비전과 방향성에 대한 주민 이해도 상승으로 현장 대응체계 구축
- 지역별, 직능별, 군민과 지자체 간의 효과적인 소통이 이루어지는 '커뮤니티 존'으로 지역갈등 관리에 주요한 기제로 작동
- 이로 인한 군민들의 단결을 유도하고 지역 통합 브랜딩을 창출

문을 마칠 수 있도록 불필요한 프로세스를 없애고 있다. 기부시장도 이와 마찬가지다.

더 나아가 일본처럼 지정기부단체(CSO) 운용제도 도입을 고민할 필요도 있다. 실력 있고 공신력 있는 지역단체나 사회적 기업과 함께 지정기부 프로그램을 세밀하게 설계하고 투명하게 집행하면 더 큰 시너지를 낼 수 있기 때문이다.

일본 사가현은 지자체가 직접 고향납세를 모금하는 대신 다양한 지역과제를 해결하기 위해 움직이는 민간단체(CSO)에 위탁하는 것을 조례로서 정하는 'NPO지정기부 고향납세'를 시행하고 있다. 지정기부를 시행한 지 5년 만에 모금액 규모가 6배 성장해 2021년 기준 90억원 이상 모금했으며, 지정단체는 초기 9개에서 112개로 10배 이상 늘어났다. 사가현은 지정기부 모금을 활용해 작게는 노인 이동편의를 개선하는 버스사업을 시행하거나, 크게는 난치병인 어린이 1형당뇨 치료법 개발에 기여하고 있다.

고향세 업무는 특히 현장 체감도가 높아야 한다는 점에서 지역민의 적극적인 참여가 필수이다. 이들이 고향세의 주인공이 되어야 한다. 지자체에서 주도해서 수직적으로 지시하는 것이 아니라, 사업기획에서 서비스까지 현장의 목소리를 세밀하게 반영해야 한다. 지자체와 지역민의 유기적 협력체계가 보다 실질적인 모금을 이루어내는 데 효과적이기 때문이다. 이를 위해 실

[지정기부단체 기부자 관리구조 확립]

단위별 역할 설계 지원조직과 추진조직의 업무 세밀화 및 체계적인 사업실행 프로세스 수립

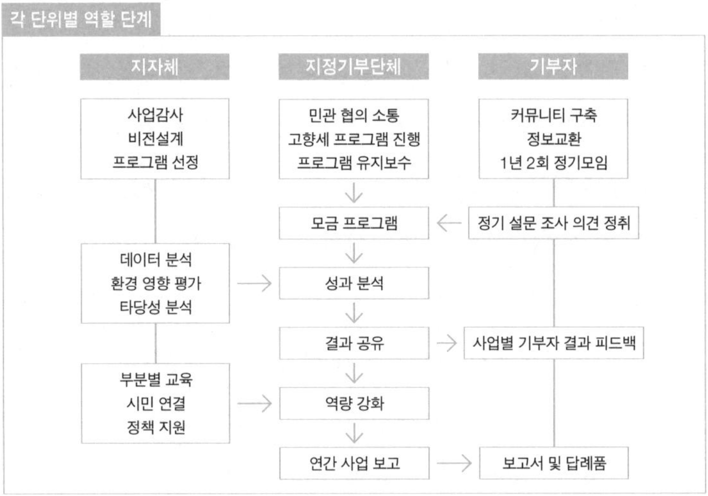

무조직과 협력체계를 짜임새 있게 구축하는 것이 중요하다.

논의조직은 크게 3개 구조로 이루어진다. 첫 번째로, 지자체에는 실무부처와 협조부서가 모인 행정지원단 개념의 보조그룹이 필요하다. 불가피할 경우 대행사에 전략과 기획 용역이나 실행 용역을 맡기면, 이들이 주도해 전체적인 기획방향을 정한다. 두 번째는 주민협의체이다. 주민협의체에는 답례품 제작 기업과 지역 상인회, 주민대표들이 모인다. 여기에 기부처 관계자도 참여하는 것이 좋다. 단순히 기부받는 입장이 아니라 지역 활성화 주체로서 의견을 내고 실효성 있는 지원이 이루어질 수 있도록 진행한다. 지정기부단체가 선정되면 이들을 중심을 의견 교환과 사업기획을 위한 협의체를 구성한다. 불가능한 상황이라면 별도의 협의체를 구성해도 좋다. 여기에 기부 전문가나 마케팅 전문가 등 전문성을 가진 자문그룹을 포함해 전문적인 식견을 듣도록 한다. 정리하면, 논의조직은 크게 주무부처와 지정기부단체(또는 협의체), 주민위원회, 전문가그룹으로 구성하는 것이 최적의 소통 시스템이라고 할 수 있다.

조직을 구축한 다음에는 실무팀 중심 관계망(네트워크)과 기부자 중심 관계망을 만들어 대내외로 소통하며, 실무추진 단위가 전체적으로 관리한다. 실무추진 단위는 고향세 프로그램 유지보수 업무를 총괄하고, 지자체는 사업감사와 선정업무를 맡는다. 주기적인 데이터 분석과 타당성 평가로 업무성과를 진단하고 피드백한다. 이를 위한 정책지원 방향 등을 도출한다.

이 과정에서 기부자 의견을 담아내는 것이 무엇보다 중요하다. 기부자 만족도는 지속가능한 기부의 핵심요인이기 때문이다. 그 방법으로 정기적인 설문조사와 의견 청취를 진행하고, 기부자 피드백을 반영한다. 이렇게 전체적으로 내용을 보완하여 고향세 프로젝트의 품질을 단계적으로 개선해 나가야 한다.

답례품의 환원율을 높여라

고향사랑기부제(고향세) 시장은 무한한 가능성을 품고 있다. 필자는 이커머스 시장에 새로운 태풍이 될 것이라 확신한다. 그 이유는 첫 번째, 사실상 세액공제 혜택으로 연간 평균 3만원 상당 답례품을 공짜로 얻을 수 있기 때문이다. 두 번째, 시간이 갈수록 답례품 품질과 경쟁력이 개선될 것이기 때문이다. 앞 장에서 소개한 바와 같이 일본은 고향납세 환원율 사이트가 있다. 여기에서는 전국의 답례품 환원율을 분석해 기부하고 받은 답례품이 몇 퍼센트의 이익으로 되돌아오는지 알려준다. 놀랍게도 환원율 100%가 넘는 답례품, 다시 말해 기부금액을 초과하는 이익을 주는 답례품이 점점 늘어나고 있다. 일반적으로 환원율 계산공식은 '답례품의 실매가격(배송료 포함)/기부금액×100'인데, 어떻게 환원율 100%가 나올 수 있을까? 지역 차원에서 제품 경쟁력을 위해 사업자에게 다양한 혜택을 주기 때문이다. 이미 시 예산에서 지역상권 보호를 위해 투입하는 자본이 있다. 국내 역시 지원금을 비롯한 각종 혜택이 있고, 특히 인구소멸지역은 대응기금 등이 마련되어 있다. 일본은 그와 같은 자본을 답례품 경쟁력을 높이는 데 활용하고 있는 것으로 추측된다.

[고향납세 답례품 환원율 비교 사이트 '후루사토납세가이드']

출처: https://furu-sato.com/total/value_rank

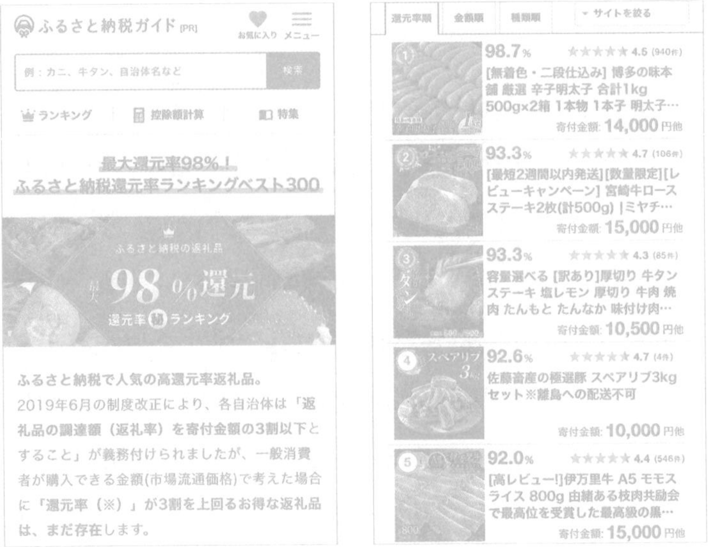

더욱 주목해야 할 사실은 고향납세 사이트에서 계산한 환원율에 세액공제 혜택이 포함되어 있지 않다는 점이다. 세액공제 혜택을 포함하면 환원율 200%가 넘는 답례품도 나올 수 있다. 쉽게 이야기해서 10만원을 기부하면 10만원을 세액공제 형태로 모두 돌려받고 추가로 3만원이나 그 이상의 답례품을 받을 수 있다. 그래서 일본 서민들은 고향납세 답례품 시장에서 매우 경제적인 소비를 할 수 있다. 사실상 혜택이지 소비라고 보기 어렵다.

물론 우려의 목소리도 나오지만, 세액공제는 국세수입을 지역세수로 전환하는 기능을 한다는 점에서 의의가 있다. 기부자의 이익에 비례하여 지역 균형발전과 소외지역 활성화가 이루어지기 때문에 지자체와 기부자 모두가 만족할 만한 구조인 것이다.

이와 같은 장점이 있어서 국내 고향세 답례품 시장은 장기적으로 이커머스 시장에서 새로운 강자로 떠오를 것으로 예상된다. 보통 온라인 쇼핑을 할 때 먼저 사고자 하는 물건을 검색창에 입력한다. 그러면 검색된 물건이 모니터에 '인기순'으로 정렬된다. 필자는 이것을 다시 '최저가순' 으로 정렬한다. 같은 물건이라면 더 저렴하게 살 수 있는 판매처를 선호하는 게 일반적인 심리이기 때문이다. 이와 같은 합리적 소비가 고향세 답례품 시장에서도 일어나게 된다. 그렇다면 꼭 기부를 하려고 해서가 아니라, 갖고 싶은 물건을 좀 더 저렴하게 사기 위해 고향세에 기부를 할 수도 있다.

일본 환원율 사이트에서는 품목별로 가장 환원율이 높은 답례품을 메인화면에 띄운다. 기부자는 환원율 정보를 보고 기부를 결정한다. 어떤 지역인지 어떤 기부 프로그램인지에 앞서 답례품 경쟁력이 기부 행위에 강한 영향을 주는 것이다. 일본은 특히 답례품으로 육류의 인기가 높다. 300그램 이하로 소분한 소고기를 주로 선택한다. 1인 가구가 늘어난 영향도 있지만, 부담스럽지 않은 가격에서 답례품을 선택할 수 있기 때문이다. 이와 같은 일본의 답례품 시장을 면밀히 분석하면 국내에서는 답례품을 어떻게 기획하고 구성할지 아이디어를 얻을 수 있을 것이다. 중요한 것은 소비자는 합리적 선택을 한다는 사실이다. 따라서 면밀하게 기획된 답례품이 필요하다. 일반적인 특산물 대신 기부자에게 매력적인 답례품을 구성하기 위해 지역자원을 투입해야 한다. 국내 답례품 시장은 가공식품과 농축산물이 전체의 약 68%, 3만원 이하 답례품이 71.5%를 차지한다. 품목도 유사하고 가격대도 비슷한 것이 특징이다. 이처럼 비슷한 유형과 비슷한 가격대라면, 지역자원을 투자해 장기적으로 저렴한 가격대에서 최선의 품질을 만들어내는 것이 핵심 성공요인이라 할 수 있다.

일본 도야마현 우오즈시는 풍부한 지역자원을 가지고 있지만 제대로 활용하지 못하는 문제가 있었다. 지역민들은 이 문제를 해결하기 위해 창의적인 답례품 개발에 투자했다. 그 성과로, 다른 업종끼리 매칭을 진행하여 일반적이지 않은 새로운 답례품들을 개발했다. 대표적인 제품이 농가와 주조사 간 매칭으로 탄생한 '우오즈산 쌀주'이다. 또 다른 답례품으로 우오즈시 출신 와인전문가와 요리연구가, 자개세공 장인과 콜라보하여 제작한 와인글라스를 내놓기도 했다. 개발에서 방식 모두 지역의 인적자원 및 민간과 활발히 협력하여 그 지역만의 창조적인 답례품을

[고향사랑e음 답례품 현황]

2023년 8월 기준 총 8,620개 답례품 등록, 그중 가공식품과 농축산물이 약 68% 차지 30,000원 이하 답례품이 71.5% 차지

[품목별 분석]

- 총 8,620개 답례품 중 가공식품이 3,469개(40.2%)로 가장 높은 비율 차지, 농축산물이 2,429개(28.1%)로 두 번째로 높은 수를 차지
- 생활용품은 1,269개(14.7%), 관광서비스와 수산물은 각각 582개(6.7%), 562(6.5%)개로 모두 1,000개 이하. 지역상품권은 309개(3.5%)로 가장 적은 수를 나타냄

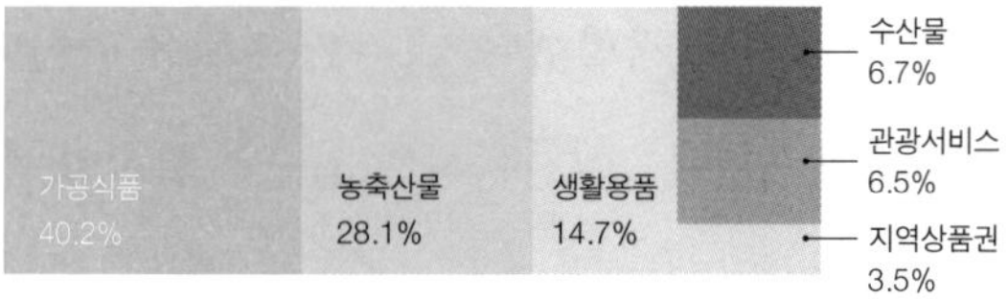

품목	답례품수	비중
가공식품	3,469	40.2%
농축산물	2,429	28.1%
생활용품	1,269	14.7%
수산물	582	6.7%
관광서비스	562	6.5%
지역상품권	309	3.5%
계	8,620	

[금액대별 분석]

- 답례품을 금액대별로 분류한 결과 30,000원 이하가 6,165개(71.5%)로 전체의 70% 이상을 차지
- 세액공제와 답례품 제공을 고려했을 때 기부자가 최대 혜택을 볼 수 있는 금액이 10만원인 만큼 그 금액의 30%에 해당하는 3만원 이하 답례품이 절대 다수임을 확인

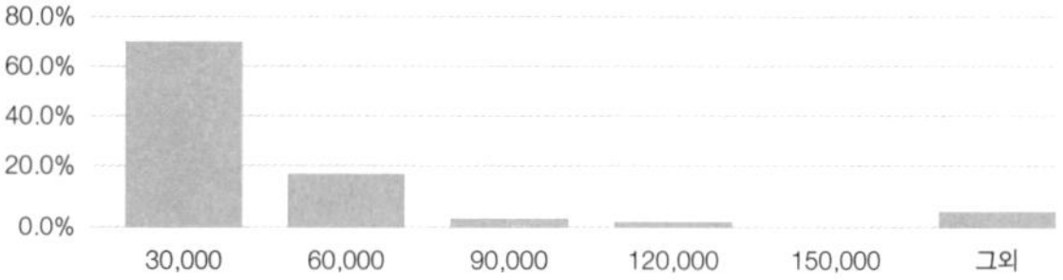

금액대	답례품수	비중
30,000원 이하	6,165	71.5%
30,001~60,000원	1,531	17.8%
60,001~90,000원	313	3.6%
90,001~120,000원	199	2.3%
120,001~150,000원	99	1.1%
150,000원 초과	313	3.6%
계	8,620	

내놓은 것이다.

그래서 더욱 지자체와 민간의 적극적인 연합이 필요하다. 창의적인 답례품 개발을 위해서는 우오즈시 사례처럼 제품 전문가와의 협업이 필수이다. 고향납세를 처음 시도한 일본은 지난 10년간 정책 집행과정에서 축적한 성공 노하우를 가지고 있다. 또한 쓰라린 실패도 경험했다. 그러한 과정을 거치며 고향납세를 수정하고 보완했다. 고향세 시행 초기인 한국이 배워야 할 지점이다.

ESG형 고향사랑기부제가 필요하다

지역소멸은 수도권에 편중된 자본의 문제이며 일자리의 문제이다. 한국은 유력기업 대다수가 수도권에 집중되어 있다. 이런 상황에서 기업 본사의 지방 이전은 늘 화제의 뉴스가 되곤 한다. 기업 역시 지역소멸에 대응하기 위한 역할과 책임이 어느 정도 있다는 공감대가 형성되어 있기 때문인 듯하다. 한국과 달리 일본은 '지방창생제도'를 통해 법인이 고향납세 기부를 할 수 있다. 전일본공수(ANA항공)와 같은 기업이 운영하는 기업플랫폼까지 존재한다. 민간플랫폼은 지정기부나 재해지원(수수료 0원) 같은 선도적인 기부문화를 이끌었고, 기업플랫폼은 지자체와 협업하여 새로운 사회공헌 모델을 창출하고 있다. 최근에는 고향납세에 적극적으로 참여하는 기업이 늘어나고 있다. 새로운 경영비전인 ESG, 즉 환경(Environmental), 사회(Social), 지배구조(Governance)가 확장되고 있는 현상과도 무관하지 않다. 이러한 변화는 기업의 사회가치적 진화를 보여준다.

1980~90년대 폭발적 산업 성장은 한국 경제를 단기간에 세계 10위권으로 끌어올렸다. 이에 따른 기업의 성장전략과 비즈니스 환경도 해가 갈수록 바뀌고 있다. 한국 최초 사회공헌 표준

모델이라 할 수 있는 삼성전자 사회봉사단이 1995년 창단한 이후, 대기업 중심으로 기업의 사회공헌 활동이 점차 확대되었다. 2000년 전후로 업계마다 사회공헌 전담부서를 설치하고 관련 예산을 대폭 확충하는 등, 기업의 사회공헌 활동이 크게 확대되었다. 이후 기업은 이미지 제고와 전략적 홍보 차원에서 다양한 사회공헌 프로그램을 개발하였다.

2010년 첨단 정보통신 기술과 소셜 네트워크가 발달하면서 정보의 투명성과 도달률이 강화되었다. 이로 인해 소비자가 기업활동 정보를 쉽게 찾아볼 수 있는 환경이 되었다. 다시 말해 적극적 소비 선택이 가능해진 것이다. 이는 윤리적 소비문화로 이어졌고, 이제 기업의 사회공헌 활동은 기업의 사회적 책임이라는 한 단계 강화된 윤리적 요구에 직면하게 되었다. 또한 기후변화 대응을 놓고 각국의 동참 압력이 강해지면서 생산과 소비의 주체인 기업은 이를 해결해야 할 경영적 의무를 요구받고 있다.

[기업의 사회가치적 진화]

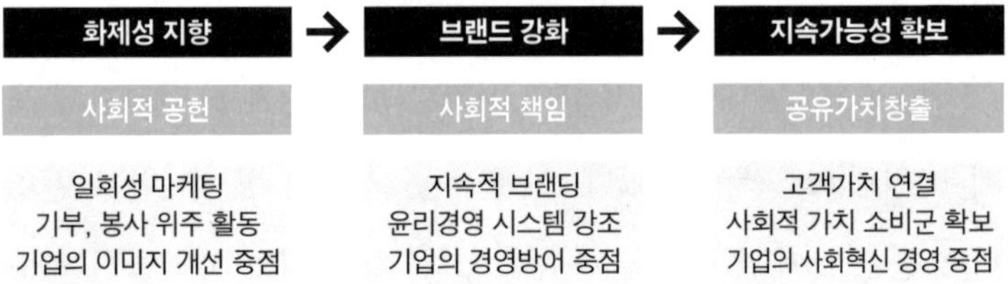

기업의 역할에 대한 국민적 관심은 기업이 사회와 함께 호흡하며 공존할 수 있는 공유가치 차원의 경영전략으로 진화하는 계기가 되었다.

지금까지 ESG(Environmental, Social and Corporate Governance)라는 기업 비전 모델이 투자 가치 환경의 새로운 기준이 된 배경을 요약해서 설명했다. 국내에서도 10대 그룹을 중심으로 ESG 경영 비전 선포가 잇따르고 있다. 이에 발맞춰 글로벌 비즈니스 강화와 사회공헌 표준모델 개발을 위한 가치 측정을 활발하게 연구하고 있는데, 대표적으로 SK그룹 사회적 가치 측정 모델이 있다. 각 기업은 전사적인 비전을 새롭게 수립하고, 그 비전에 따른 사회의 공유 가치를 발굴해 측정 가능한 모델을 개발한다. 이를 통해 기업이 사회를 변화시키는 성과를 정량화할 수 있는 초석을 다지기 위해서이다. 이후 정량화된 성과 수치는 기업의 투자 환경에 절대적 영향을 미치는 핵심성공요인(CSF)이라 판단하기 때문이다.

일본 기업들 역시 같은 이유로 폭넓은 사회활동을 펼치고 있다. 다만 일본은 로컬 중심의 사회공헌 활동이 두드러지는데, 이는 고향납세의 영향이다. 한국과 마찬가지로 일본에서 가장 큰 사회문제인 지역소멸에 대응하기 위해, 일본 기업들은 ESG 경영 차원에서 지역 활성화에 적극적으로 참여하고 있다. 국내에서도 고향사랑기부제(고향세)와 연결하여 기업의 사회참여를 유도하는 전략을 적극적으로 고려하면 좋을 것이다. 일본 나가노현에는 기업형 고향납세 정책 사이트가 개설되어 있고, 지역 정책별로 어떤 기업들이 참여하는지 자세히 기록되어 있다.

일본의 대표적 온라인 기업 야후 재팬은 전국 지자체들과 협

[나가노현의 고향세 정책 사이트]

출처: https://www.pref.nagano.lg.jp/

업해 '탄소중립 고향납세'를 만들었다. 각 지자체 특성에 맞게 환경을 고려한 맞춤형 사회공헌 활동으로, 지역의 환경오염을 방지하고 기후위기에 공동 대응한다는 두 가지 의미를 모두 가지고 있다. 궁극적으로 기업이 추구하는 ESG 방향과 사회공헌 브랜드를 구축한 것이다. 야후 재팬의 사례는 국내에도 시사하는 바가 크다. 민간 대기업과 지역이 연합해 사회적 문제에 공동 대응하고, 지역문제 해결에 기업이 주체가 된다는 것이 ESG 흐름과도 일치하기 때문이다. 지역 입장에서는 기업 자본을 지역에 유치한다는 점에서 경제적으로도 큰 의미가 있다. 아쉽게도 국

[야후 재팬 고향납세 탄소저감 프로젝트]

지역	프로젝트 내용	지원액(엔)
홋카이도 미카사시	수소 제공 과정 CO2 저감기술 연구	1억
미야기현	해안 방재림 관리, 해조에 의한 탄소 고정	2천 7백만
사이타마현	중소기업 CO2 저감 데이터를 가시화	약 760만
가나가와 히라츠카시	파력발전 상용화, 전지추진선 추진	2천 4백만
나가타현	해초 증식기술 개발을 통한 온실가스 흡수	4백만
야마나시현	과수원 토양에 탄소 매립, 저장	1천만
미에현 오와시시	CO2 흡수량이 적어진 고수령 나무 재배치	2천 6백만
가고시마현 오사키초	저비용 저탄소 폐기물 처리시스템 구축	4천 6백만

내에서는 개인만 기부를 할 수 있고 법인은 제외된다. 법인 기부를 허용해야 한다는 목소리가 높은 만큼 신속히 개선되길 바란다.

일본에서는 기업과 협업하여 창의적인 답례품을 개발하는 사례가 늘고 있다. 대표적인 일본 아웃도어 기업 몽벨(Mont-bell)은 홈페이지에 고향납세 페이지를 개설해 아웃도어 기업답게 지자체와 협력해 산을 지키는 프로젝트를 진행하고 있다. 산사태나 화제로 피해를 입은 지역에 지자체가 지정기부함을 열면 적극적으로 함께 홍보하고, 그 지역에 특별 굿즈를 만들어 답례품으로 제공하고 몽벨 매장에서 판매한다. 이렇게 모은 기부금은 등산로를 재정비하는 데 사용한다. 또한 몽벨은 연간회비를 내는 클럽회원이 고향납세 사업에 주기적으로 동참할 수 있도록 유도한다. 더 나아가 산이 있는 지자체와 함께 여러 가지 사업 모형을 만드는 데 주도적으로 협력하고 있다. 이에 대한 일본 시민들의 반응은 긍정적이다. 지자체는 산림보호를 위한 재정을 확보할 수 있고, 부족한 전문성을 기업의 전문가들로 채울 수 있다. 몽벨 입장에서도 자사 브랜드를 널리 알리고 사회적, 환경친화적 이미지를 홍보하는 데 유용하다. 기업과 지자체가 함께 상생할 수 있는 모델이며 SDGs(지속가능발전목표), ESG 경영의 방향성도 충족한다.

이와 같이 좋은 모델이 국내에서도 활성화하려면 먼저 기

[지자체와 기업의 협업 모델]

지자체와 기업이 협업하여 지역과 사회에 기여할 수 있는 방식으로
고향사랑기부제 모금방식의 변화 예상

지자체(산림자원 풍부)		민간기업(몽벨)
지정기부 답례품 연계 민관 협력모델 제시	—	지자체와 협업하여 모금 및 사업 운영
환경보전, 등산로 정비 등 지정기부 운영	—	환경보존사업+특별 굿즈 제작 답례품화 및 비즈니스 모델 운영

소비자 접근이 쉬운 방식 ▶ **사회적 가치 추구 + 경제활성화 기여**

몽벨 홈페이지의 고향납세 지정기부 안내

업과 기관이 함께할 수 있는 제도적 장치가 마련되어야 한다. 이미 수많은 기업들이 자체적으로 다양한 사회공헌 활동을 하고 있다. 그런 활동을 자연스럽게 고향세와 연결하면 어떨까? 예를 들어 산림청이나 국토부, 중기부에서 시행하는 다양한 공적 사업과 융합할 수 있을 것이다. 산림청과 임업진흥원은 2018년부터 그루매니저 육성사업을 추진하고 있다. 그루매니저란 산림산업 육성 증진을 위해 산촌경제 활성화와 소득성장 지원사업을 목표로 민간 일자리를 창출하는 사업이다. 산림청에 따르면, 지난 2022년 45개 시·군·구에서 그루매니저 42명이 227개(주민 1,787명 참여) 그루경영체를 발굴·육성해 전년 대비 165% 증가한 71개 법인을 새로 만들어내는 성과를 이루었다고 한다. 이와 같은 산림 일자리 창출 모델을 몽벨과 같은 기업과 협업하면 더 큰 효과를 거둘 수 있을 것이다.

한편 국토연구원은 지방 중소도시 활력 증진을 위한 청년 로컬창업 지원방안을 추진 중이다. 국토연구원에 따르면, 인구감소 위기를 겪고 있는 지방 중소도시에서 청년 로컬창업은 지역가치 창출 및 강화, 지역문제 해결, 생활인구 확보 등에 기여하여 지역에 활력을 불러올 것으로 기대된다고 한다. 사업과제로는 청년 로컬기업의 성장단계별 체계적·다각화 재정지원, 청년 수요 대응형 창업·정주여건 조성, 인력 양성과 협업체계 구축, 다부처 협업사업 및 중앙부처·지자체 연계사업 발굴 추진 등이 있다. 이와 같은 사업은 인구소멸 대응과 지역 활성화라는 고향세 목표와 맞닿아 있다. 따라서 고향세 모금 프로그램과 연결하면 더욱 효과적인 목표 달성이 가능하다. 중기부 역시 2023년 로컬크리에이터 활성화 지원사업을 추진 중이다. 지역성을 결합한 독특한 콘텐츠를 발굴해 로컬크리에이터 120개 팀에 최대 4천만원을 지원한다. 중기부도 국토연구원과 같은 방식으로 사업을 추진하고 고향세와 연결하면 좋을 것이다.

2023년 6월, 국토연구원은 〈지방 중소도시의 활력 증진을 위한 청년 로컬창업 지원방안〉이라는 자료를 발간했다. "(청년 로컬기업의 성장단계별 체계적·다각적 재정지원) 예비창업부터 도약단계까지 지원 확대, 중앙부처-지자체-지역 금융기관 연계형 융자사업 신설·시행, 고향사랑기부제와 연계한 '크라우드펀딩 플랫폼' 구축·실행, 주택보증공사에서 운영하는 '창업시설 조성자금'의 융자 대상 확대 등"을 정책방안으로 제시하였다. 정리하면, 지역에서 창업한 청년에게 지정기부를 하고, 그들이 생산하는 재화를 답례품으로 제공하는 고향세 플랫폼을 구축·실행하자는 내용이다. 국토부가 어려운 지자체와 협업하여 국민 기부로 청년 창업가를 육성할 수 있는 모델을 구현하자는 내용인데, '고향사랑e음'이라면 여러 가지 제한이 있어서 현실화가 어렵겠지만 국토부에서 자체적으로 플랫폼을 구축하여 시도한다면 특색 있는 답례품 시장이 열릴 것으로 기대된다.

한편, 제조업 기반 민간기업은 지역 특색을 살린 답례품을 공동 개발하는 프로젝트를 함께 진행하면 좋을 것이다. 스타벅스가 도시에 특화된 친환경 텀블러를 굿즈로 제작하는 것처럼, 몽벨 역시 고향납세 프로젝트를 시행하는 지역 중심으로 아웃도어 용품을 굿즈로 개발하여 판매한다. 답례품으로 활용할 뿐만 아니라 일반 매장에도 공급해 해당 지역을 중심으로 생산과 소비의 선순환을 유도한다.

강남이나 홍대 같은 곳에만 있을 것 같은 '플래그십 스토어(Flagship Store)'를 인구소멸지역에 시도하기도 한다. 일본에서 몽벨을 비롯한 몇몇 대기업은 사회공헌 차원에서 그 지역에 절실한 편의점(의약품 판매), 식당, 휴게소 등을 설치한 후, 지방창생기금 같은 프로젝트와 연계하여 운영한다. 유기견 보호 사례로 유명한 히로시마현 진세키고원초 역시 편의점 프랜차이즈 기업 로손(LAWSON)에서 매장을 설치하고, (마을기업 형태의) 식당, 지방창생기금으로 재단장한 미치노에키(지역 특산품 중심으로 운영하는 휴게소) 등을 단지로 구성하여 운영 중이다.

몽벨이 지자체와 시도하는 산림지역 프로젝트는 공공플랫폼, 민간플랫폼에도 입점한다. 하지만 목적과 방향을 극대화하

[몽벨 기부 프로젝트와 답례품]

• 기부금액: 크라우드펀딩 방식(목표금액 500만엔)

• 내용
- 환경보전과 지속가능한 산악 환경을 목표로 크라우드펀딩 방식으로 기부금을 모금하여 친환경 화장실 설치
- 나가노현 아즈미노시의 유명 등산로를 지키기 위해 코로나19로 어려워진 관리상황을 고향납세 크라우드 펀딩으로 해결
- 해당 지자체와 몽벨(mont-bell)이라는 등산, 캠핑 민간기업이 협업하여 추진

기 위해 몽벨은 자체적으로 지자체와 협업하여 기업플랫폼을 운영하기도 한다. 기업 입장에서 새로운 투자동력인 ESG 경영을 대내외적으로 공고히 할 수 있고, 장기적으로는 사업에도 보탬이 되는 모델을 도출하고 있는 셈이다.

정부 입장에서는 기업의 ESG 경영도 지원하고, 기업이 소외지역에서 활발한 사회공헌 활동을 펼치도록 유도하여 지역소멸 대응정책으로 활용할 수도 있다. 말하자면 두 가지 정책목표를 모두 달성하는 데 유용하다. 직접적인 법인 기부가 아니더라도 몽벨 사례와 같이 답례품 공동개발 등 현행법을 유지하는 선에서 협력 모델이 충분히 가능하다. 고향세의 기업친화적 전략을 독려해야 하는 필요성은 이것으로도 충분하다. 지자체가 공격적으로 지역 연고 기업에 제안하는 것도 좋은 방법이다.

청년과의 공통분모를 찾아라

한국 청년과 지역은 한 가지 공통점이 있다. 바로 소멸하고 있다는 점이다. 지역이 낙후되면서 청년들이 지역을 떠나고 있다. 또한 청년들이 결혼과 출산을 기피하면서 지역의 인구소멸 속도가 더욱 빨라지고 있다. 지역에서 청년이 줄면 지역 세수가 줄고, 지역 세수가 줄면 청년의 수도권 집중 현상이 심해진다. 일자리가 없고 인프라가 취약한 지역에 청년은 오지 않는다. 문제가 꼬리에 꼬리를 물고 이어지는 형국이다. 이런 악순환의 반복이 현재 지역소멸의 본질이다. 거꾸로 이야기하면 지역과 청년은 서로 공동운명체이다. 지역 세수가 늘고 좋은 일자리와 환경이 조성되면 청년이 온다. 청년이 오면 다시 지역은 세수가 튼튼해지고 활력이 생긴다. 청년과 지역을 살리기 위해서는 둘의 공

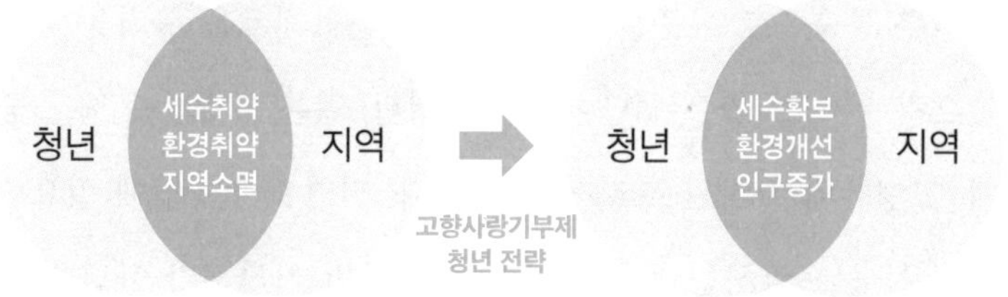

통분모를 찾아내는 숙제를 풀어야 한다.

그래서 지역은 청년을 위한 정책을 강화해야 한다. 이는 청년에게 새로운 기회가 될 것이다. 새로운 기회가 생긴 지역에는 청년이 다시 찾아올 것이다. 지역에게도 청년에게도 서로가 필요하고 서로에게 새로운 기회가 되어주어야 한다. 함께 소멸해 가기보다 함께 상생해 나가야 한다.

고향사랑기부제(고향세)는 수도권으로 떠났던 청년을 다시 지역으로 불러모으는 원동력이 될 수 있다. 국가통계포털에 따르면, 2011년부터 2019년 사이 비수도권에서 수도권으로 이동한 인구를 합산한 결과 20-29세가 621,846명으로 가장 많았다. 비수도권 전체에서 수도권으로의 순이동인구 중 60%에 해당한다. 청년층이 갈수록 지역을 떠나는 것은 분명한 현실이다. 이들을 다시 불러올 순 없을까?

일본은 고향납세 제도로 지역과 청년을 어떻게 연결했을까? 한국이 주목해야 할 사례들을 소개한다. 일본은 고향납세 제도를 활용해 지역 내 창업을 적극 지원하고 있다. 창업은 지역에 일자리를 창출하고 이주를 촉진하며, 지역에 새로운 활력을 불러일으킬 수 있는 좋은 수단이기 때문이다. 일본 고향납세 제도 중에 '고향기업가 지원 프로젝트'가 있다. 지역에서 창업에 필요한 재원 등을 모금하는데, 목표액을 달성하면 지자체가 아닌 국가에서 목표액의 100%를 추가 지원한다.

나라현에는 청년들이 함께 만든 'Golden Rabbit Beer'라는 회사가 있다. 이 회사는 고향납세 모금을 통해 성장한다. 이들은 지역 내 농가에서 수확 후 버려지는 농작물 쓰레기를 업사이클링해 맥주 'SOSEINO'를 만든 다음, 고향납세 모금 프로젝트를 진행했다. 답례품으로 업사이클링 맥주를 포함한 수제맥주 세트와 직영맥주 상점 연간 이용권, 수제맥주 제작 체험권 등을 제공한다. 모금은 목표치를 훌쩍 넘겨 초과 달성했고, 성장에 중요

[SOSEINO 맥주]

출처: SOSEINO 맥주 홈페이지(https://soseino.com)

한 모멘텀을 얻었다. 고향납세 모금이 지역 내 청년사업가에게 든든한 버팀목이 되어주고, 사업을 안정화하여 지역에 뿌리내릴 수 있는 새로운 기회가 된 것이다.

일본 홋카이도 가미시호로초는 총무성 고향기업가 지원 프로젝트를 통해 빈집 활용 청년 창업을 지원하는 모금 프로젝트를 진행했다. '마을 사람들 근처의 소바 레스토랑'이라는 이름으로 2018년 4월 27일부터 2018년 7월 25일까지 90일 동안 진행했는데, 이 모금 프로젝트 역시 목표금액을 초과 달성했다. 그리고 마을로 이주한 청년 요리사가 운영하는 소바가게가 문을 열었다. 지금은 지역민들이 가장 사랑하는 소바가게가 되었고 맛

[홋카이도 가미시호로초의 지역 기반 창업, 소상공인 지원]

프로젝트	소바식당이 없는 지역에 청년 정주자의 식당 창업 지원
분류	GCF형(총무성 고향기업가 지원 프로젝트)
모금액	3,145,000엔(약 3,100만원)
모금기간	2018년 4월~7월(3개월)
모금포인트	• 마을에 소바가게 전무 • 지자체 설문조사 결과 지역주민 98%가 소바가게 희망
답례품	• 지역특산품 우유, 아이스크림 등 24개 • 교류이벤트 참가권(특산품 소개, 정주 지원상담 등) • 초대권(30만엔 이상 기부자에게 왕복 항공비, 1박 숙박비)

집으로 유명세를 떨치고 있다.

지역에 온전하게 정착하기 위해 청년들에게 반드시 필요한 것은 일자리다. 일자리 없이 청년들이 지역에서 뿌리내리는 것은 불가능하다. 가미시호로초의 사례는 비어 있는 공간에 청년들의 아이디어를 투영한 것이 성공요인이었다. 농촌에 빈집이 늘어나면 거리는 순식간에 슬럼화된다. 관리되지 않은 자원은 반드시 오염되기 때문이다. 그렇게 관리되지 않은 자원은 지역의 골칫덩이가 되곤 한다. 사람들이 떠나고 오랫동안 방치된 나머지 쓰레기가 쌓이고 주변 경관이 망가진다. 결과적으로 사람들이 더욱 가지 않는 공간이 된다. 바로 이런 빈 공간에 새로움을 채우는 방식으로 사람들이 찾아오게 했다.

가미시호로초에게 그 새로움은 바로 청년이었다. 청년들의 신선한 생각과 가치가 그 지역에 숨을 불어넣은 것이다. 그래서 일본은 빈집을 청년에게 무상 임대하는 정책을 활발히 시행 중이다. 사람이 들어오는 것만으로 빈집이 되살아나기 때문이다. 되살아난 빈집은 주변 경관을 바꾸고 마을의 새로운 활력소가 된다. 소바 레스토랑의 사례가 중요한 이유가 여기에 모두 모여 있다. 그들은 단순히 소바 사업에 성공한 것이 아니다. 낙후지역에 새로운 활력을 불어넣고 도시를 재생하고 거주민들의 삶을 바꾼 것이다. 또한 이들의 이야기는 SNS, 유튜브 등을 통해 자연스럽게 전국적으로 홍보된다. 지역을 대표하는 새로운 브랜드가 생기는 효과를 거둘 수 있는 것이다.

고향납세를 활용해 청년인재 육성 프로젝트를 진행하는 지자체도 있다. 오키나와현 기노완시는 고향납세 기부금으로 청년인재들이 자기 부담 없이 유학을 떠날 수 있도록 지원하고 있고, 진세키고원초는 고향납세 조례안에 차세대 인재육성에 고향납세로 들어온 재원을 쓰도록 명시하고 있다. 이밖에 청년 교육과 창업, 창의적인 활동에 이르기까지 다양한 방식으로 지원하는 지자체가 많다. 분명 우리에게도 시사점을 주는 모델이라 할 수 있다. 한국 청년들 역시 고향세의 수혜자가 될 수 있다. 더 나아가 직접 고향세 프로젝트를 기획하는 적극적인 참여자가 되는 것도 가능하다.

그러기 위해서는 지역 청년을 지원할 수 있는 재원 마련이 선행되어야 한다. 이미 여러 지자체에서 다양한 청년정책을 시행하고 있는데, 이를 강화하고 참여를 확대하는 방향으로 고향세를 활용할 수 있을 것이다. 수도권을 떠나 다시 고향으로 돌아가는 체인지 프로그램을 개설하는 것도 좋은 아이디어다. 이미 귀촌한 청년들이 안정적으로 자립할 수 있도록 지원하는 방법도 있다. 고향세로 늘어난 세수를 활용하면 된다. 지역에 새로 유입되는 것도 중요하지만, 이미 지역에 정착한 청년들이 앞으로도 계속 지역에서 살아갈 수 있도록 자립을 돕는 것이 더욱 중요하다. 무엇보다 청년에게 매력적인 일자리가 지역에 활성화되어야 한다. 고향세와 연계해 새로운 일자리 창출 프로그램을 만들어 보자. 물론 고향세만으로 이 모든 것을 이루기는 어렵지만, 단 하나라도 지역에 매력적인 요소가 있다면 청년이 유입되어 지역이 점차 활성화될 수 있을 것이다.

또한 청년이 고향세의 주체가 되는 방향으로 나아가야 한다. 답례품과 기부시장 자체를 청년들의 새로운 운동장으로 만드는 것이다. 새로운 아이디어 시장은 늘 청년에게 가장 많은 기회를 주었다. 고향세를 통해 지역재생을 위한 아이디어 경쟁이 본격적으로 시작될 수 있다. 일본처럼 고향세 플랫폼이 늘어나서 새로운 이커머스 시장이 확보될 수 있다. 이는 새로운 세대의 출현을 의미하기도 한다.

1990~2000년대 정보통신 기술의 비약적 발전은 거대 IT산업을 낳았고, 무한한 가능성을 품은 인터넷 세계에 용감하게 뛰어든 청년들에게 마음껏 꿈을 펼칠 수 있는 무대, 빛나는 성공의 발판이 되었다. 고향세 시장 역시 마찬가지다. 수많은 마을 기획 인재가 탄생할 것이다. 그들이 기획한 모금 프로그램이 지역을 재생하고 변화시킬 것이다. 그들이 창업한 스타트업에서 제작한 상품이 각 지역 기부자에게 답례품으로 제공되어 전국 곳곳에서

소비될 것이다. 뛰어난 플랫폼 설계자들이 등장해 지역을 연결하는 커넥터로 성장할 것이다. 지금까지 지역의 청년 인재들에게 이러한 기회가 쉽게 오지 않았다. 고향세가 진정 청년들이 꿈과 희망을 펼치고 다시 뛸 수 있는 '그라운드'가 되길 바란다.

창의적 브랜딩과 마케팅이 필요하다

고향사랑기부금 모금도 브랜딩이 필요하다. 지역 브랜딩이란 그 지역만의 차별성이 매력적으로 돋보일 수 있도록 정체성을 확립하고 그에 어울리는 스토리텔링을 만들어가는 과정이다. 특히 이 브랜드 전략에는 고향사랑기부제(고향세)를 반드시 포함해야 한다. 고향세의 속성 자체가 지역의 정책, 특산물, 서비스를 알리는 과정이기 때문이다. 특히 관광과 직접적으로 연결된다. 지난해 고향사랑e음에 고향세 답례품으로 등록된 상품 중 상당수가 지역 체험권, 숙박권이었다. 이미 앞에서 이야기한 것처럼, 체험형 답례품은 지속적으로 관계인구를 늘려가는 효과를 볼 수 있다. 지역 체험을 더욱 특별한 상품으로 만들기 위해서는 고향세를 지역 브랜드와 융합하는 전략이 필요하다.

세계적인 문화 콘텐츠 기획자인 미국 서던캘리포니아대학 헨리 젠킨스(Henry Jenkins) 교수는 "하나가 아닌 여러 개의 플랫폼을 통해 하나로 이해될 수 있는 이야기를 전달하고 경험시켜야 한다"고 말한다. 지역 홍보도 마찬가지다. 각 지자체는 유튜브, SNS, 커뮤니티 등 여러 개의 홍보플랫폼을 운영하지만, 전달하는 메시지는 하나의 이야기처럼 일관성이 있어야 한다. 이것을 트랜스미디어 스토리텔링(Transmedia Storytelling)이라 말한다. 그러나 국내 지자체 홍보를 보면 각 기관별·부처별 홍보 맥락이 상이한 부분을 종종 발견할 수 있다. 또한 메시지 역시 일관성이 부족한 경우가 많다. 특히 유행에 지나치게 민감한 나머지 지역의 특수성과 차별성을 살리지 못하는 점에서 아쉬움이 크다.

구체적인 예로 몇 년 전 유행했던 벽화마을 열풍이 있다. 한 지역에서 시도해 전국적으로 유행하기 시작했는데, 과연 모든 지역에 어울리는 방법이었는지 의문이 든다. 타지역에서 유행하는 것을 자신의 지역에 그대로 가져와 쓴 것에서 탁상행정의 전형적인 민낯이 드러난다. 각 지역에서 만드는 CI(Corporate Identity) 역시 매우 유사한 것을 확인할 수 있다. 지역의 캐릭터들이 대부분 비슷한 이미지여서 구분하기 어렵다. 통일성 있는 브랜드가 되기 위해서는 지역만의 이야기가 메시지를 비롯해 브랜드, 디자인, 모든 면에서 통일된 경험으로 드러나야 하는데, 이런 창조성이 지역에 너무나 부족한 상황이다.

일본의 경우를 보자. 일본에는 예전부터 '유루캬라(행사나 캠페인, 특산품 소개 등 지역 전반에 대한 홍보기업 등에 사용하는 마스코트 캐릭터) 문화가 발전했다. 유루캬라는 일본 로컬만의 독특한 브랜딩 방식이 만들어낸 만화 캐릭터 같은 지역 마스코트이다. 일본에서는 매년 유루캬라 대회를 열기도 하는데, 가장 유명한 캐릭터는 구마모토현 '쿠마몬'이다. 한국의 펭수를 떠올리게 하는 쿠마몬은 세계적으로 인기 있는 캐릭터로 성장했다. 쿠마몬이 한해 벌어들이는 경제효과는 우리돈으로 7,000억 원에 육박한다. 쿠마몬 캐릭터가 큰 인기를 끌면서 동시에 쿠마몬이 그려진 지역특산물의 가치가 상승했다.

이와 같이 일본은 지역특산물이나 지역 홍보를 기획할 때 지역만의 독특한 상징을 기호화한다. 앞으로도 이런 형태의 상징물은 큰 인기를 끌 것이다. 한국 초등학생들이 캐릭터 카드 하나

[일본 구마모토현의 상징 쿠마몬]

[다양한 유루캬라 캐릭터]

쿠마몬

유루캬라의 대명사 '쿠마몬'
구마모토시 캐릭터로 멸종된 규슈 반달곰을 모티브로 함
규슈 신칸센 종착역이 구마모토가 아닌 가고시마로
정해지면서 지역 관광산업 타격을 우려한 구마모토시가
홍보용 캐릭터로 제작
2010년 3월 첫 선을 보이자마자 대박을 쳤고 현재는
쿠마몬이 구마모토를 먹여 살린다고 할 만큼 유명해짐
공무원 신분이어서 다양한 지역행사에 참여

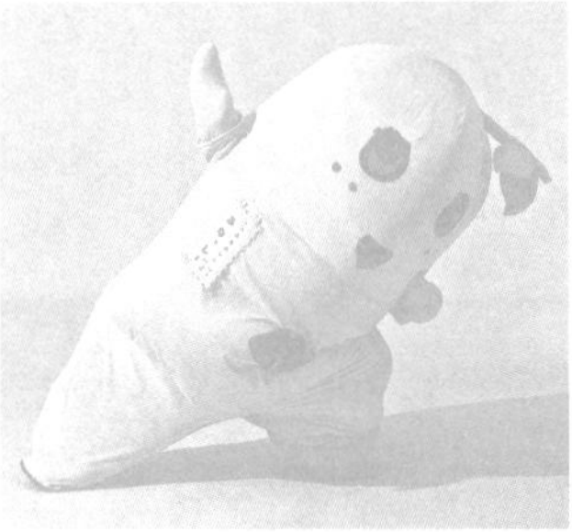

후낫시

시가현 후나바시시 마스코트
배를 모티브로 하여 만들어진 배의 요정
인형탈을 쓴 채 펄쩍펄쩍 높이 뛰는 '후낫시 점프'가
특징이며 유루캬라 중 드물게 말을 하는 설정
애향심 강한 한 시민이 직접 디자인하고,
인형탈까지 만들어 쓰고 활동
전국적으로 활동하며, 방송출연도 하고 있음

군마짱

한때 '미개의 땅 군마'라는 지역비하 별명으로 불리며
유명세를 얻은 군마현의 마스코트
도쿄 인근이지만 정부의 개발사업에서 늘 소외
조랑말을 모티브로 하며, 1983년 군마현에서 개최한
국민체육대회 마스코트로 처음 등장
유튜브 드라마 '군마의 도전장'이 제작되기도 함

히코냥

시가현 하코네시가 자랑하는 국보 히코네성의 마스코트
히코네성의 2대 성주 타카토라가 소나기를 피해
큰 소나무 아래에 있었는데, 흰 고양이가 나타나
손짓을 하여 따라갔더니, 번개가 소나무에 떨어져
화를 피할 수 있었다는 이야기를 모티브로 함
히코네시에서 내세울 만한 관광명소가
히코네성밖에 없어서 매일 일정한 시간에 가면
인형탈을 쓴 캐릭터와 사진을 찍을 수 있음

우나리군

나리타공항이 위치한 치바현 나리타시의 상징
비행기와 나리타 특산품인 장어를 모티브로 함
우나리=우나기(장어)+나리타
원래 나리타공항 홍보를 위해 만들었지만
점점 홍보영역을 넓혀 나리타시를 홍보하게 됨
2017년 유루캬라 그랑프리에서 우승

사노마루

도치기현 사노시를 대표하는 캐릭터
시민공모로 당선되었으며, 사노시 특산품인
사노라멘과 감자튀김, 강아지를 모티브로 디자인함
2013년 그랑프리에서 우승했으며,
현재도 사노 시민들의 사랑을 받고 있음
2018년 10월 8일 부산에서 개최한
'우리동네 캐릭터' 시상식에 초청받음

때문에 빵을 사는 모습에서 캐릭터 상품의 높은 인기를 짐작할 수 있다. 이와 같은 기호형 상품은 단순한 유행으로 그치지 않을 가능성이 크다. 강력한 팬덤문화는 미래세대의 속성이기 때문이다. 2023년 데뷔한 남자 아이돌 플레이브(Plave)는 음악 방송에서 1위를 차지하며 팬콘서트를 열었는데, 선예매 티켓을 예매하기 위한 동시접속자만 7만명이었다. 놀랍게도 이들은 가상 아이돌(Virtual Idol)이다. 일본에는 가상 아이돌 산업으로 기업 가치 1조원을 달성한 회사도 있다(버튜버 엔터사 애니컬러와 커버). 사업 전망이 밝아서 국내 여러 대기업에서도 가상 캐릭터 산업에 대규모 투자를 진행 중이다. 특히 카카오 엔터테인먼트는 가상 아이돌 공개오디션을 진행하기도 했다. 마치 일본의 유루캬라 대회가 연상되는 장면이다.

미래세대가 이런 문화를 향유하는 이유는 IT기술이 발전하면서 모든 것을 모바일로 체험하는 습관이 들었기 때문이라고 판단된다. AI기술 발전속도는 버츄얼 이미지 문화를 더욱 가속화하고 있다. 그래서 실제로는 존재하는 않는 가상인물이지만 스토리텔링을 가지고 있는 문화 캐릭터에 사람들이 기꺼이 지갑을 여는 것이다. 지역 홍보 역시 이런 스토리들이 이미지로 융합될 때 더욱 큰 효과성을 기대할 수 있다.

또한 기부와 관련하여 최근 젊은 세대를 중심으로 퍼네

이션(Funation) 문화가 확산되고 있다. 재미(Fun)와 기부(Donation)를 합성한 단어로 재미있는 기부방식을 가리키는 개념이다. 대표적인 사례로 2014년 루게릭병 환우와 그 가족들을 지원하기 위해 시작된 '아이스버킷 챌린지'가 있는데, 얼음물을 뒤집어쓰는 독특한 모금방식으로 많은 화제를 불러일으켰다. 재미가 있어야 사람들의 주목도를 높이고 참여를 극대화할 수 있다. 따라서 기부금 프로젝트에 재미와 지역 홍보를 융합하는 것도 좋은 아이디어이다. 필자가 공공 커뮤니케이션 강의를 할 때 늘 강조하는 말이 있다. '착한 일에도 재미가 있어야 한다'는 것이다. 재미는 기부 효능감을 높여 재기부로 연결하고, 입소문을 내서 홍보에도 효과적이기 때문이다.

이와 같은 모금방식은 캠페인의 긍정적 경험을 극대화한다. 행동경제학에서는 이를 자유주의적 개입주의(Libertarian paternalism)라 부른다. 공중 PR, 애드보커시(Advocacy) 전략에서 전통적인 방법은 캠페인 당위성에 집중하는 것이었다. 여기에는 부정기제를 극대화하는 일종의 공포커뮤니케이션이 포함된다. 금연 캠페인을 떠올리면 된다. 대부분의 금연캠페인은 흡연으로 병들어 누워 있는 환자를 보여주는 등 공포기제를 부각하는 방식이었다. 그러나 최근에는 금연 캠페인의 변화가 보인다. 아버지가 담배를 끊고 아이들이 행복해하는 모습을 카메

[MZ세대 기부 트렌드 분석]

퍼네이션(Funation)=재미(Fun)+기부(Donation)
아이스버킷 챌린지가 대표적
흥미 있는 주제와 쉽게 접근할 수 있는 방법으로 기부 유도

질량보존의 법칙 다이어트 챌린지

- '내가 빠진 살이 쌀로 기부되어 누군가를 살찌운다'는 신개념 기부 챌린지로 선언 무게의 '100%'가 기부됨
- 세계 기아인구를 질량보존의 법칙으로 해결하겠다는 취지
- 동기부여 커뮤니티 앱, 유캔두

Free rice

- 퀴즈를 한 문제 맞힐 때마다 쌀이 10톨씩 기부되는 온라인 퀴즈 플랫폼
- 영단어, 제2외국어, 구구단, 화학기호, 역사, 철학, 음악, 영화 등 다양한 카테고리로 구성하여 재방문 요소 확보
- 별도의 회원가입 없이도 진행이 가능하며 그럴 경우 익명으로 기부

Global 6K for Water

- 매일 물을 얻기 위해 6km를 걷는 아프리카 아이들을 대신하여 걷거나 달리며 깨끗한 물을 기부하는 글로벌 기부 캠페인
- 6K 손수건을 들고 인증하면 1개의 산마다 1만원이 후원되는 기부하이킹

라에 담는다. 이런 변화는 캠페인의 긍정성을 강조함으로써 시청자에게 참여 효능감을 높이기 위한 전략이다. 즉 강요하지 않되 자연스럽게 유도하는 방법이다. 이를 어포던스(Affordance) 전략이라고 하는데 '행동을 자연스럽게 유도'한다는 의미가 있다.

어포던스 전략은 2002년 심리학자로는 최초로 노벨경제학상을 수상한 대니얼 카너먼(Daniel Kahneman, 1934~)을 시작으로 역시 2017년 노벨경제학상을 수상한 리처드 탈러(Richard H.Thaler, 1945~)와 하버드 대학교 로스쿨 교수이자 미국 오바마 행정부의 규제 프로그램을 지휘한 캐스 선스타인(Cass Robert Sunstein, 1954~)에 의해 알려졌으며, 국내에는 리처드 탈러와 캐스 선스타인이 공동 집필한 『넛지: 똑똑한 선택을 이끄는 힘』을 통해 소개되었다.

이 전략은 이미 한국 공공정책에 많은 영향을 주었다. 대표적인 사례가 고속도로 주행유도선(녹색선·분홍선)이다. 2012년 한국도로공사에서 시범설치했는데 그 효과성이 입증되면서 전국 도로에 적용됐다. 수많은 운전자가 주행유도선을 따라 정해진 코스를 이탈 없이 진입한다. 이런 개념이 공공캠페인, 모금캠페인에서도 효과를 발휘하고 있다. 고향세 모금방식에도 참여의 재미를 높이고 긍정적 경험을 주는 행동 유도성 전략이 필요한 이유를 알 수 있다.

[어포던스형 캠페인: 참여의 재미를 살린 공공캠페인 사례들]

길거리 사물 활용형

- 러시아의 헌혈 공익재단 Fonddonorov이 진행한 헌혈독려 캠페인
- 비 오는 날 물웅덩이에 빨간 색소를 뿌려 관심을 유도. 웅덩이에는 말풍선으로 헌혈을 유도하는 문구가 보임
- 마치 핏빛을 연상케 하는 색감으로 행인들이 다가와 내용을 보고 사진을 찍고 인증샷을 남기고 SNS로 전파

광고 패널 활용형

- 영국 난독증 협회에서 진행한 소통 캠페인
- 문자 배열을 의도적으로 조작해 난독증 환자의 시각을 일반시민도 체험할 수 있도록 유도
- 인터넷에서 큰 화제가 되어 사회적 약자를 배려하는 이해하고 일상 속 소통을 강조하는 광고로 회자됨

건물 활용형

- 뉴욕 삭스피프스애비뉴 백화점에서 진행한 저항적 소비문화 캠페인
- 백화점 1층 쇼윈도에 의도적으로 재활용 옷더미를 쌓아 놓고 무분별한 소비문화를 경고
- 패스트패션에 대한 경각심과 올바르고 현명한 소비를 시민들에게 알림으로써 SNS 등에서 큰 화제가 됨

공중 질서형

- 광운대 라우드 프로젝트팀이 한줄서기 캠페인을 위해 고안한 디자인
- 혼잡한 버스정류장에서 무분별하게 승차하는 시민들을 질서정연하게 유도하기 위해 바닥에 길거리 기호를 그려 혼란을 방지
- 넛지형 공공디자인의 훌륭한 사례로 많은 미디어에서 주목을 받으며 각 대학가 및 공공기관으로 전파

참여자 경험형

- 독일 야생동물 보호단체 노하(NOHA)에서 진행한 모금 광고판 디자인
- 단순한 모금함이 아닌, 사냥꾼이 멸종 위기종인 물범을 불법으로 사냥하는 장면을 그려넣고 사람들이 이곳에 동전을 던져 심판하는 퍼포먼스
- 재미형 참여 유도 캠페인으로 회자되며 평소 수준의 배가 넘는 모금액 달성

시민 참여 유도형

- 일본의 사회적기업 고토랩에서 투표율을 끌어올리기 위해 고안한 팝업 디자인
- 화살표 모양의 페이퍼 워크로 시민들이 투표소로 향할 수 있도록 발걸음을 유도
- 화살표가 디자인된 고토부키초의 당일 투표율이 전년에 비해 3% 높아지며 성공사례로 평가받음

해시태그형

- 조명회사 UCO가 진행한 쓰레기 청소 분리수거 캠페인 트래시 태그
- 환경보전의 일환으로 쓰레기가 많이 버려진 거리 및 해변에 자발적 자원봉사를 유도하고 해시태그를 달아 인증
- 아이스버킷 챌린지와 유사한 사례로 SNS 인증 릴레이를 통해 전 세계로 확장

온라인 참여 확장형

- 미국 버지니아주 시민들이 자발적으로 참여한 레드 플래그 캠페인
- 사회적 약자인 여성 폭력에 대한 경각심을 유도하는 캠페인으로 빨간 머리띠를 매고 메시지가 적힌 깃발을 SNS에 게재
- 자발적인 시민 참여 캠페인으로 미투운동과 함께 전 세계적인 인증 참여를 이끌어 냄

아트 퍼포먼스형

- 세계적인 게릴라 아티스트 뱅크시의 작품으로 도시 녹지가 축소되는 현상을 비판
- 주차장을 뜻하는 PARKING에서 ING를 지움으로써 공원 축소를 언어유희적으로 비판한 작품
- 세계적으로 화제가 되며 다양한 방식으로 확대 응용됨

최근 유튜브에서 큰 인기를 끌고 있는 지자체 홍보 계정이 있다. 바로 충주시이다. 공식 구독자 수만 2024년 4월 15일 현재 69만명이다. 서울특별시 유튜브 구독자 수 19만명을 훨씬 상회하는 수치로 정부기관, 공공기관, 지자체를 모두 포함해 1위다. 중소도시 유튜브 구독자 수는 1~2만명 수준으로, 충주시가 압도적으로 많다. 그처럼 높은 인기비결은 무엇일까? 핵심은 재미있는 B급 콘텐츠이다. 다소 경직되고 권위적인 수직문화를 가지고

[유튜브에서 화제를 불러모은 충주시 홍보물]

있는 공직사회에서는 볼 수 없는 신선한 콘텐츠로 국민들의 이목을 끌고 있다. 이 성공사례 주인공은 충주시 김선태 주무관이다. 그는 유튜브 계정을 운영하기 전에도 창의적이고 재미있는 홍보물 디자인을 보여주며 온라인상에서 화제가 되곤 했다.

얼마 전 유명 예능 프로그램에 김선태 주무관이 출연해 업무에 대한 이야기를 들려주었다. 놀랍게도 유튜브 계정 운영과 콘텐츠 기획, 업로드 모두를 본인이 직접 한다고 한다. 더욱 중요한 것은 모든 업무를 진행하는 과정에서 업무 전결을 거치지 않는다는 점이다. 수직적인 업무구조를 가진 공직사회에서는 찾아볼 수 없는 방식이다. 이는 많은 지자체 홍보에 시사하는 바가 크다. 재미있고 창의적인 콘텐츠가 나오기 위해서는 젊은 감각이 필요하다. 그러나 신선하고 좋은 콘텐츠가 나온다고 해도, 업무 전결을 거치다 보면 보수적인 공직문화 특성상 결과물이 용두사미가 되는 경우가 많다.

고향세 프로그램도 마찬가지다. 좋은 아이디어와 신선한 콘텐츠가 나오려면 자율성이 핵심이다. 실무자가 최대한 많은 권한을 갖고 브랜드에서 마케팅 업무를 진행할 수 있는 구조가 필요하다. 일본은 지자체 공무원이 자체적으로 고향납세 업무를 보는 경우가 많다. 나가사키현 히라도시는 지역 해산물에 스토리텔링을 입혀 높은 인기를 끌었다. 또한 일본 최초로 고향납세에 포인트 제도를 도입하고 세트를 패키지화해 전체적인 브랜딩에 성공했다. 이러한 노력의 결과로 2014년 14억엔(140억원), 2015년 30억엔(300억원)을 돌파했다. 전체 기부자는 3만 7천명으로, 당시 히라도시 인구 2만 9천명보다 많은 인원이 기부에 참여한 것을 알 수 있다. 매년 평균 2만명이 넘는 사람들이 지금도 기부를 이어가고 있다. 이 모든 아이디어는 담당공무원 구로세 케이스케에게서 나왔다. 그 역시 30대 젊은 감각으로 고향납세 업무를 성공적으로 이끈 것이다. 일본에는 이처럼 매년 수십억엔 모금을 달성하는 공무원이 늘어나고 있다. 그로 인해 '슈퍼공무원'이라는 신조어가 생길 정도이다.

이런 성공사례를 국내 지자체의 고향세 전략에 적극적으로 활용해야 한다. 답례품 생산에서부터 모금 프로그램까지 톡톡 튀는 아이디어가 넘쳐나야 한다. 우선적으로 각 지역만이 가지고 있는 차별화된 요소를 찾아 시각화할 수 있는 전략이 필요하다. 국내 지자체가 지닌 고질적 문제 중 하나는 홍보나 브랜딩에 상당히 무감각하다는 사실이다. '아무거나 대충 만들고 대충 쓰자'라는 안일한 생각으로는 고향세 모금은 결코 성공할 수 없다. 지역 특성을 살려 세밀하게 구축한 고향세 브랜딩은 일본 히라도시 사례처럼 기부 효능감을 높여 지속적 기부를 이끌어내고, 지역에서 활동하는 서포터즈의 역량 강화에 핵심적 역할을 할 것이다. 일종의 기부 팬덤문화를 만들어가는 방식이라고 할 수 있다. 지역에 팬덤문화가 정착되면 지역을 활성화하는 버팀목이 되어줄 것이다.

[홋카이도 리시리 마을 고향 서포터즈]

리시리 후루사토 서포터즈

리시리 마을 고향 서포터즈 시스템은 도시에 거주하는 리시리 마을 출신 주민, 리시리 마을에 거주하는 주민을 회원으로 등록해 리시리 마을 새소식을 정기적으로 전달하고, 고향 리시리 마을과의 유대를 강화하며, 리시리 마을의 정보 전달 및 홍보활동 등 마을 밖에서 리시리 마을을 지원하는 시스템이다.

서포터즈 활동

- 주변 사람들에게 리시리 마을의 매력을 입소문과 SNS 등으로 홍보
- 리시리 마을 발전을 위한 활동(고향납세 모금, 인적 지원 등)
- 리시리 마을 주최 행사 참여
- 서포터즈 활동 보고서 제출: 1년에 한 번(선택사항) 등
- 서포터즈 활동 보고서 중에서 우수사례로 선정될 경우 마을 특별제품을 상품으로 제공하고, 활동 보고서는 마을 게시판 및 웹사이트에 게재
- 활동은 무급으로 진행

서포터즈 혜택

- 마을 정보 등을 전달하는 'PR 관계', 관광 및 이벤트 등의 정보를 정기적으로 제공
- 리시리 마을 방문객에게 리시리 후레이 온천에서 사용할 수 있는 무료 온천 티켓 제공
- 회원 배지 제공 등

끝맺으며:
지역의 역전을 만들어낼 고향사랑기부제

인구가 줄어드는 현상은 단순히 지역소멸만의 문제가 아니다. 생각해보면 국가경쟁력과 밀접하게 관련돼 있다. 국내총생산(GDP)이 줄어들면 국력에 결손이 발생한다. 물론 인구가 줄어드는 현상과 삶의 질은 큰 관련이 없을 수도 있다. 여러 학자들의 견해를 종합하면 오히려 인구가 줄어 삶의 질이 개선되는 효과를 가져올 수도 있다. 그러나 불행하게도 한국은 세계 열강에 둘러싸인 지리적 약점을 갖고 있다. 만약 북유럽처럼 인구가 적은 국가들과 국경을 맞대고 있다면, 인구가 줄어드는 것 자체가 큰 문제는 아닐 것이다. 그러나 늘 전쟁과 위험한 안보상황에 노출되어 있는 한반도는 인구수 자체가 국가생존과 직결되는 문제일 수밖에 없다. 가파르게 인구가 감소하면 앞으로 200년 후에는 한국이란 나라 자체가 소멸할 수도 있다는 전망도 나오고 있다.

한반도미래연구원은 〈2024 인구보고서〉에서 2040년대에는 생산 가능인구가 1,000만명 줄어들 것으로 예상하고 있다. 이것만으로도 인구소멸을 막기 위해 최선의 정책을 찾아야 할 충분한 이유가 된다.

인구가 줄어드는 현상을 면밀히 분석하다 보면 결국 핵심은 지역과 수도권의 불균형 때문이라는 것을 알 수 있다. 수도권 중심으로 고학력층이 늘어나고 그만큼 청년들의 눈높이도 높아졌다. 이는 전후 한국사회가 만들어놓은 결과물이다. 사실 배운 만큼 대우받고 싶은 욕구는 자연스러운 것이다. 한국 청년은 현대 미디어를 통해 어려서부터 화려한 도시의 삶에 익숙해져 있다. 1990년대까지만 해도 농촌과 서민의 삶을 다루는 드라마가 큰 인기를 얻기도 했지만, 요즘에는 찾아보기조차 힘들다.

지역소멸은 다양한 가치의 소멸이기도 하다. 이런 사회적 분위기 속에서 지역 가치는 갈수록 쇠퇴할 수밖에 없다. 정서적으로 지역은 낙후한 반면, 도시는 성공한 사람과 멋지고 세련된 사람이 사는 도시로 인식하기 때문이다. 이와 같은 잘못된 편견을 만든 건 바로 기성세대다. 문제는 도시의 삶도 그리 만만하지는 않다는 점이다. 양질의 일자리가 부족하고 고물가로 생활비 부담이 크다. 이런 상황에서 저출생 사회로의 진입은 당연한 결과이다. 근본적인 대책으로 문화 전반에 혁신과 정책 전반에 제도

개선이 일어나야 한다. 지역 중심으로 행정력을 집중하고 지역 균형발전에 사활을 걸어야 한다. 아쉽게도 매번 균형발전에 제동이 걸리는 이유는 지금 당장 도시의 경쟁력은 문제가 없기 때문이다.

도시는 전국에서 청년인구가 몰려들고 있기에 저출생이 쉽게 체감되지 않는다. 게다가 망국적인 부동산 중심 경제정책이 저출생 문제를 더욱 악화시킨다. 결과적으로 지역이 저출생으로 가장 큰 타격을 입는다. 빈익빈 부익부 현상이 수도권과 지역 사이에 일어난다. 지역에서 나고 자란 청년들이 수도권으로 떠난다. 이러한 지역 인재 유출은 일종의 지역 '착취'를 함의한다. 비대해진 도시는 더 커지고 작은 지역은 더욱 작아진다. 연쇄작용으로 지역은 해마다 세수가 줄고 재정자립도는 더 취약해진다. 엎친 데 덮친 격으로 부동산 경기 침체와 정부의 감세정책이 이러한 상황을 악화시키고 있다. 이로 인한 지방세 감소 규모는 무려 6조원에 달한다고 추산된다. 지역은 돌파구가 필요하다. 최소한 수도권에 준하는 생활환경이 조성되고 일자리가 늘어나고 복지환경이 개선되어야 한다. 지역에 새로운 동력이 발생해야 한다. 지역의 매력을 발견하고 지역을 찾아가는 문화를 만들어야 한다.

하지만 아쉽게도 지역 균형발전은 요원한 상황이다. 그렇다면 최소한 지역이 자생할 수 있는 모델이라도 필요하다. 정책적으로 대도시와 경쟁할 수 있는 새로운 운동장이 필요하다. 필자는 고향사랑기부제(고향세)가 그 시작이 될 수 있다고 생각한다. 충분한 세수를 확보해 좋은 인프라와 양질의 일자리를 만들고, 지역의 필수복지를 강화해 얼마든지 살기 좋은 도시로 만들 수 있다. 다만, 늘 그래왔던 것처럼 중앙에 의존하는 사고방식을 버려야 한다. 기다려서는 이룰 수 없다. 지역 의지에 따라 이룰 수 있는 범위가 결정되기 때문이다. 다시 말해 내가 사는 지역은 내가 살리는 수밖에 없다. 이전까지 마땅한 방법이 없었다. 그러나 지금은 고향세라는 첫 번째 방법이 생겼다. 결론적으로 말하면, 이 제도를 잘 이해하고 활용하는 지자체에서는 혁신이 일어날 것이다. 물론 이 제도가 모든 것을 해결할 수는 없다. 하지만 시작은 할 수 있을 것이다. 최소한 단단한 재정을 가진 지역이 탄생할 수 있다. 지역의 독립적 재정분권은 단단한 자치분권으로 연결된다. 그러면 지역은 한층 성장할 것이다. 다른 곳에는 없는 특별함을 지닌 지역으로 발걸음을 옮기는 사람이 늘어날 것이다. 그때가 지역이 처음으로 중앙을 역전하는 순간일 것이다.

끝으로 지금까지의 이야기를 간단하게 정리한다. 첫째, 고향세의 목표는 지역 재정자립도를 튼튼하게 만드는 것이다. 그 결과로 지역이 건강하게 자립할 수 있는 기반을 만들고자 한다.

둘째, 목표 달성을 위한 방법론의 핵심은 모금전략이다. 각 지자체는 국민이 참여할 수 있는 창의적이고 실효성 있는 지정기부를 설계해야 한다. 셋째, 시장은 이커머스 플랫폼의 속성을 지니고 있기 때문에 온라인 소통전략이 필요하다. 여기에는 효과적인 브랜딩과 창조적 마케팅이 필수이다. 고향세를 담당하는 공무원, 관심 있는 이해관계자, 앞으로 이 제도를 활용하게 될 소상공인, 사회적경제인, 공공영역에서 일하는 모든 분들에게 도움이 되면 좋겠다. 또한 국가 인구정책을 주도하는 실무자들에게도 유용한 방법론이 되길 바란다.